現代の人的資源管理

岩内　亮一
梶原　豊　編著

学文社

●執筆者一覧●

岩内 亮一	（明治大学）	［1章，9章］
梶原　豊	日本エンプロイアビリティ支援機構	［2章］
大木 栄一	職業能力開発総合大学校	［3章］
野畑 眞理子	都留文科大学	［4章］
工藤　正	東海学園大学	［5章］
岩内 秀徳	富山大学	［6章］
山本　寛	青山学院大学	［7章］
竹内 倫和	川口短期大学	［8章］

（執筆順）

序　文

　本書は人的資源管理の主要な領域を取り上げ，それらの過去からの経緯および現状分析の成果を踏まえて，現在の問題点を摘出することを目的としている。内容的には，人的資源管理の理論的考察を試みる章，企業従業員の職業意識と組織コミットメントに関する章，企業の人的資源管理施策の実態を扱う章によって構成されている。しかしいずれも，現代日本の人的資源管理のあり方を問う立場から，それぞれの領域の固有の問題を基礎にしながら，人的資源管理上の問題点を指摘している。

　本書に収められている内容は，これまで労務管理，人事管理，もしくは人事・労務管理と呼ばれてきた。現にそのような表現を冠する書物が数多く出版されている。それに対して人的資源管理という用語は，すでに1980年代から日本の研究者の間でも使われてきた。当初は論文の題目に用いられていたが，最近では書名に使われるようになった。労務管理，人事管理ではなく，人的資源管理の用語を使う理由として，それらの書物の著者の多くは，経営戦略としての人的資源管理，もしくは人的資源管理の戦略化をあげている。この立場はアメリカの経営戦略論および人的資源管理論に明示されているところである。日本の企業における人的資源管理の戦略の内容は，アメリカの企業に比して異質であることはいうまでもない。それはともかく，企業が従業員をいかに管理するかは経営管理の基本であることはどの国でも共通である。

　その管理の方式や管理観は，従業員の質的構成，企業をとりまく環境や条件によって変化する。その変化に応じて人的資源とその管理の重点も変わる。社会の趨勢的な変動が，企業の外的環境を形成しつつ，企業の経営に影響を与える。そして人的資源管理上の新たな課題が生まれたり，主要な課題が変化したりする。長年にわたって従業員の管理として重要であった分野は徐々に衰退する。その最たるものは労務管理である。

かつて高度経済成長を牽引した重厚長大型の製造業ではブルーカラー層の従業員に占める比率が高く，長期的展望のもとでの技能労働者・熟練労働者に対する労働力（労働能力）向上のための管理，毎日の工程管理や労働者の勤怠，短・中期的な労働者の補充・調達，労使関係管理など，文字通りの労務管理が従業員の管理の主要な領域であった。それらの企業では，戦前に開設された労働部や勤労部が従業員の労務管理にあたっていた。大規模な製造業企業に事業部門制が採用された後には，労務管理の機能は，個々の事業部や工場に移される。義務教育レベルの学校卒業の入職者が激減するにつれて，段階的な技能養成は行われなくなった。技術革新が進展するにともなって，旧型の熟練は無用となる。これらは高学歴化とオートメーション化の影響であり，1960年代に観察された企業内外の環境の変化であった。現在でも本社組織の一部門として勤労部を存続させている企業もあるが，かつての労務管理の機能は，大幅に衰退しつつある。どの企業もIT化やグローバリゼーションをはじめとする急激かつ大規模な社会変動に対応した人的資源の調達・配置・活用・開発にあたっているといえよう。

　第三次産業部門の拡大を挺子として，先進工業社会のサービス経済化が指摘されてから，すでに久しい。日本では1970年代後半から，高付加価値を追究する形で非製造業の拡大と大規模化がみられた。それらの企業は，大量の大卒者を吸収して，多様なホワイトカラー層を形成してきた。そこでは「人事（部）が社員のエッチ・アールにあたる」という表現が用いられている。人事部は担当部掌であり，エッチ・アールは人的資源管理（HRM）の略称である。なお高学歴者のホワイトカラー層が増大してきた，製造業企業の人事部の業務もエッチ・アールと呼ばれる傾向にある。このようにして，人的資源管理の用語は，企業内に浸透しつつあると判断することができる。

　われわれは本書の編集に際して，より積極的に人的資源管理の観点や立場を取り入れている。その観点は，以下に記すように，各章の内容に反映されている。

第一に，社会経済的条件の変化が，企業にとっての環境となり，従来の労務管理と人事管理の統合を促進させる要因となった。それらのうち，高学歴化，高齢化，ME化・IT化，国際化・グローバリゼーションはとくに重要な変化である（1章）。

　第二は，企業が社会制度や関連する法的基準に同調する過程で，人的資源が単に管理の対象であるにとどまらず，社会全体の問題として扱われるようになった点である。アメリカでは1964年の公民権法をはじめとする雇用機会の均等原則の法制化が，人的資源管理を経営者の責任に帰する問題とした。アメリカで人的資源管理の用語が普及するのは，この時期以降である（9章）。本書では女性の雇用（4章），障害者の雇用（5章）の独立した章を設け，個人や集団の属性や条件によって雇用機会の平等化がどの程度，実現されているかを問うている。

　第三は，グローバリゼーションの進展と人的資源管理とのかかわりである。女性の雇用と障害者の雇用は，いずれも国際的な課題である。さらに日本企業のグローバル展開にともなって，海外各地の日系企業の現地化のために，適切な人的資源管理施策を策定することは重要な問題である（6章）。なお女性と障害者の社会的平等を標榜する政治的なイニシャティブズは，社会全体の差別撤廃やノーマライゼイションを志向している。それぞれ，「男女共同参画社会基本法」（1995年）の制定，「障害者基本計画」（2002年）を通して，平等の実現を推進するための制度化を意図している。ところが「男女共同参画社会基本法」において，雇用に関しては「男女雇用機会均等法」の履行確立をめざしているにとどまっている。この均等法も「障害者基本法」も，不均等・不平等な管理に対する罰則規定がないのである。この点で日本の制度は国際的な標準に達していない。

　バブル経済崩壊後，日本の企業は経営の再構築を迫られてきた。その再構築は，もともと経営の再編成，リストラクチャリング，リエンジニアリングであるにもかかわらず，コスト節減のために安易な雇用調整をすすめる企業が多い。

そして雇用調整＝リストラという構図が定着している。賃金体系，賃金制度の見直し（2章），能力開発・人材育成戦略の変化（3章）に連動する形で能力主義的管理，とくに成果主義を貫徹する管理方法が導入されつつある。

　能力主義的管理がリストラの一環としてすすめられるとすると，これまでの日本の経営の原則や人的資源管理の基盤は大きく変わる。その変化が従来のシステムの崩壊をともなうと考えると，現在はその過渡期の渦中にある。7，8章は，組織コミットメントや組織対応が大きく低下しつつある状況のもとで，キャリア発達や組織社会化が従来とは異なる様相を呈している点を実証的に明らかにしながら，今後の人的資源管理のあり方に示唆を与えている。

　本書は編者の岩内亮一が明治大学経営学部を定年退職するにあたって，同学部の経営学研究所の研究紀要『経営論集』の記念号に執筆された論文のうち，梶原豊，工藤正，山本寛各氏の論文を基礎にして刊行する運びとなった。もう一人の編者・梶原豊氏も高千穂大学を退職することを期して，新たなテーマでご寄稿いただいた。その他の執筆者は，これまで編者と研究面で交流があり，本書に所収した分野で研究を続けてこられた方々である。

　日本社会の変動の最中において，企業経営システムはこれまでに経験したことのない転換期を迎えている。その過程で新たな形態と内容の人的資源管理をどのように考えたらよいのであろうか。本書が転換期の人的資源管理観とそのプラクティスに，いささかでも資するところがあれば執筆者全員にとって望外の喜びである。大方のご批判・ご叱咤を期待したい。さいごに本書の刊行にご尽力いただいた学文社のみなさんに心から謝意を表したい。

2004年2月

執筆者を代表して　岩　内　亮　一

目　次

序　文

1　人的資源管理の課題 ―――――――――――――――――― 11

1-1. 人的資源論の系譜 …………………………………………… 11
1-1-1. 人的資本論の登場　12
1-1-2. 人的資源論とマンパワー政策　15
1-1-3. 人的能力開発の視点　17
1-1-4. 能力開発と人的資源開発　21

1-2. 環境変化と人的資源管理 …………………………………… 26
1-2-1. 環境変化の四つの波　26
1-2-2. 高学歴化・高齢化と人的資源管理　28
1-2-3. ME化・国際化と人的資源管理　32
1-2-4. 人的資源管理の条件　35

2　賃金制度の変貌 ―――――――――――――――――――― 41

2-1. わが国の賃金制度 …………………………………………… 41
2-1-1. 人事政策転換への取り組み　41
2-1-2. 賃金制度の整備と見直し　43

2-2. 矛盾の拡大と賃金制度の改革 ……………………………… 44
2-2-1. 賃金制度に影響を与えた電算型賃金体系　44
2-2-2. 能力主義管理に対応した職能資格制度　47
2-2-3. 処遇体系の複線化と賃金制度　49

2-3. リストラクチャリングと賃金 ……………………………… 50
2-3-1. 労働移動と賃金　50
2-3-2. 人材の確保と賃金　51
2-3-3. リストラクチャリングに対応した賃金制度の見直し　54

2-4. グローバリゼーションの進展と賃金 ……………………… 55

2-4-1. コンピテンシーと賃金　55
　　　2-4-2. コンピテンシー・成果と賃金　57
　　　2-4-3. 今後の賃金管理　58

3　企業内教育戦略の変化と教育訓練投資 ──────── 65

　はじめに──戦略性と効率性を意識した「ヒト」への投資 ………… 65
　3-1. 変わる教育訓練政策 ………………………………………………… 66
　　　3-1-1. 教育訓練政策のとらえ方　66
　　　3-1-2. 教育訓練の対象は「底上げ教育」(全員一律)か「選抜教育」か　66
　　　3-1-3. 能力開発の責任主体は「企業」か「従業員個人」か　68
　　　3-1-4. 教育訓練の主体は「本社主導」か「事業部・事業所主導」か　69
　　　3-1-5. 教育訓練の実施方法は「社内」か「外部委託」か　70
　3-2. 教育訓練投資行動の概況 …………………………………………… 71
　　　3-2-1. 教育訓練投資の構成と規模　71
　　　3-2-2. 教育訓練資源の配分戦略　74
　3-3. 戦略化・自己責任化を強める人材育成 …………………………… 76
　　　3-3-1. 見直しが進む階層別研修　76
　　　3-3-2. 個別化・多様化に対応した人材育成　78
　おわりに──これからの能力開発を考える ………………………… 80

4　人的資源管理とジェンダー ─────────────── 85

　はじめに──日本型人的資源管理とジェンダー …………………… 85
　4-1. 安定経済成長期の人的資源管理とジェンダー …………………… 86
　　　4-1-1. 女性雇用者全体の戦力化　86
　　　4-1-2. 女性雇用者を対象とした本格的な人的資源管理の開始　88
　　　4-1-3. コース別人事制度による性別管理の制度化　92
　4-2. バブル経済崩壊後の人的資源管理とジェンダー ………………… 96
　　　4-2-1. 日本型人的資源管理の変容と労働者意識の変化　96
　　　4-2-2. 男女共同参画社会の人的資源管理
　　　　　　──ダイバーシティ・マネジメントとワーク・ライフ・バランス　98

5　障害者雇用と企業の人的資源管理 ──────────── 105

　5-1. 新しい障害者観の登場 ……………………………………………… 105

5-2. 障害者の雇用・就業状態 ……………………………………… 109
　5-2-1. 障害をもつ就業者　109
　5-2-2. 障害をもつ雇用者　111

5-3. 障害者雇用に対する企業の対応 ……………………………… 115
　5-3-1. 障害者を雇用するうえでの不安　115
　5-3-2. 障害者への配慮事項　117
　5-3-3. 障害者のキャリア形成　120

5-4. これからの企業の課題 ………………………………………… 122

6　海外日系企業の人的資源管理 ——————————————— 127

はじめに——競争優位と国際人的資源管理 ……………………… 127

6-1. 国際化と人的資源 ……………………………………………… 127
　6-1-1. 日本企業の海外展開と人的資源管理の多様化　127
　6-1-2. 海外子会社管理のあり方と人的資源管理　129

6-2. 日本人駐在員について ………………………………………… 130
　6-2-1. 海外子会社での日本人駐在員の配置目的　130
　6-2-2. 日本人駐在員とアドバイザーというポジション　131
　6-2-3. 日本人駐在員と所属部署意識　134

6-3. ローカル従業員について ……………………………………… 136
　6-3-1. ローカル従業員と定着性　136
　6-3-2. ローカル従業員と二重構造　139

おわりに——多難な人的資源管理 ………………………………… 140

7　キャリア発達と組織コミットメント ——————————————— 143

7-1. 従業員のキャリア発達と組織コミットメントの関係 ………… 143
7-2. 従業員の組織コミットメントに影響するキャリア発達要因の位置づけ …… 146
7-3. 調査の概要 ……………………………………………………… 151
　7-3-1. 調査の対象　151
　7-3-2. 集計に用いた測定尺度　151

7-4. 分析の結果 ……………………………………………………… 157
　7-4-1. 各尺度の信頼性および基礎統計　157
　7-4-2. 従業員のキャリア発達と組織コミットメントとの関係　157

7-5. 調査結果が示唆すること——考察と展望 ……………………… 160

8　新規学卒就職者の組織適応と態度変容 ── 167

8-1. 新規学卒就職者の学校から職業への移行の問題性 …………… 167
8-2. 新規学卒就職者の組織参入後の態度変容とその要因 ………… 169
 8-2-1. 組織参入後の態度変容　169
 8-2-2. 態度変容とリアリティ・ショック　170
8-3. 調査の概要 ……………………………………………………… 171
 8-3-1. 調査対象と手続き　171
 8-3-2. 調査項目と測定尺度　172
8-4. 分析の結果 ……………………………………………………… 175
 8-4-1. 入社直後と1年後の態度変容　175
 8-4-2. 新規学卒者の態度変容とリアリティ・ショックとの関連　176
8-5. 結果の考察 ……………………………………………………… 178

9　人的資源管理の戦略化──アメリカとイギリスを中心に ── 185

9-1. アメリカにおける経営管理観の推移と法的整備 ……………… 185
 9-1-1. 19世紀の労使関係と合衆国公務委員会　185
 9-1-2. 科学的管理法と産業心理学　186
 9-1-3. 人間関係運動から行動科学へ　187
 9-1-4. 行動科学の学際性　188
 9-1-5. 公民権法の制定とその後の変化　188
9-2. HRMのハーバード・コンセプト ……………………………… 190
9-3. 労使関係からHRMへの転換——イギリスにおける新しい潮流 … 192
9-4. HRMワゴンの行列——メタファー的説明 …………………… 197
 9-4-1. HRMと組織開発　197
 9-4-2. HRMワゴン列車の針路　198
9-5. 新たな人的資源管理観 ………………………………………… 201
 9-5-1. アメリカとイギリスの事例から　201

索　　引　205

現代の人的資源管理

1 人的資源管理の課題

1-1. 人的資源論の系譜

　近年，経営学において人的資源管理という用語が，以前にましてより頻繁に用いられている。この人的資源管理（human resource management, HRM）は，主として経営学の下位分野である人事管理および労務管理を含意し，たとえば，大学の経営学部，経営学科のカリキュラムの主要科目である人事労務管理論に代替する形で人的資源管理論が用いられうる。ところが現実には，労務管理論，人事管理論，人事・労務管理論，経営労務論（系，分野）の科目名が使われるのが通例である。また労務を冠する二つの学会（日本労務学会，労務理論学会）はあるものの，日本には人的資源の文字を冠する学会はいまだに結成されていない。それにもかかわらず，人的資源管理という表現が以前にまして多く用いられるのは，書名や論文においてであり，そのような形での使用頻度が高まっているとみてよい。

　それでは日本で人的資源管理がより多く使用されるようになったのは，どのような理由によるのであろうか。またどのような背景を指摘することができるのか。まずその重要な理由としてあげられるのは，欧文の文献に人的資源の用法が一般化しているからであろう。アメリカやヨーロッパ諸国では経営学もしくは経済学の一分野として，人的資源管理論が成立しているのみならず，定期刊行物も発行されている。さらに多くの企業の人事管理，労務（働）管理を担当する組織名にたとえばDepartment of Human Resource Managementがあてられている。また略称であるHRMも一般化している。

　ついで日本の研究者によって，人的資源管理の用語が広く使用されているに

いたった背景として，多くの点を指摘することができよう。そのうち社会全体の労働力構成，企業の従業員の質量の変化に限っても，技術革新にともなう作業の内容の高度化，サービス経済化が進行するなかで，ホワイトカラー職業の拡大，ホワイトカラー層を主たる対象とする人事管理と，ブルーカラー層を主たる対象とする労務管理の間を画する境界線が曖昧になったことをあげることができる。そしてこれらの点は理論的にも実証的にも，より子細に検討することが可能であるが，ここでは，まず国の人的資源政策を含めた，より広範囲な立場から，人的資源に関する概念とその用法の経緯に触れることとする。

1-1-1. 人的資本論の登場

人的資源という用語は人的資本（human capital）に関する議論のなかであらわれた。その人的資本は1950，60年代の経済成長論が展開される過程で鍵となる概念（key concept）となった。それまでの資本主義発達論に代わって登場した工業化論，経済成長論において，発展を促進する要素として人的資本の重要性が認識された。人的資本の形成には教育の役割が大きく，人的資源は経済発展に寄与するところから，経済学者の間に教育経済学に対する関心がたかまった。

そのように関心の的となった教育経済学的な視点は，すでにスミス（Smith, Adam）が，その代表的な著作『国富論』(*The Wealth of Nation*, 1776）において提唱していた。スミスは教育に費用をかけた人が高いスキルをもつゆえに，高価な機械に匹敵する能力をもつと主張した。このことは人に投入された教育費が，等価価値資本（equal valuable capital）として利潤に反映するとの観点を示す。その後，マーシャル（Marshall, Alfred）をはじめとする新古典派の経済学者は，再び教育への投資を取り上げた。マーシャルは教育に対する公的，私的費用が，大衆により大きな機会を与えるための投資であると予想し，個人の教育に対する費用は，将来の所得（稼得）を生む能力への投資であると主張した。

資本主義経済が飛躍的な拡大を示した20世紀に入って，国民所得会計の議論

において教育を消費とみるか，それとも投資とみるかが問題とされるようになった。所得決定に関するケインズ（Keynes, John Maynard）の理論は，家計と企業会計という二つの異なった部門の支出を国民所得会計の測定に合致させ，消費と投資が相互に排他的なカテゴリーであるとする見解を提起した。ところが経済成長の分析がすすみ，消費として測定された支出が，成長に影響する投資であるとする見解が示されている。そして消費と投資の間の厳密な区分がつかなくなった。ケインズ理論にとって，教育を消費とみるかそれとも投資とみるかは大きな問題ではなくなった。そこでは教育への支出が一方では家庭から支払われ，他方では家計支出から集められた税金から支払われる。こうして，公教育費は消費であると考えられた。これに対して職場訓練は企業の支出によるため，明らかに投資であるとされている。

このような所得決定に関するケインズ理論が発表されたことを契機にして，教育の経済成長への寄与に関心が高まり，教育投資論と称せられる分野が生まれる。そこでは教育の人的資本（human capital）形成に果たす役割が主題となる（以上は，Blaug, M., 1970 の第1章および岩内亮一，1985，158～159頁による）。

人的資本研究は，1960年代以降，多くの実証的分析を通して蓄積を重ねてきた。その先鞭をつけたシュルツ（Schultz, T. W.）は，人的資本論を概観して，(1)人間（human being）への投資，(2)職業訓練（job training）への投資，(3)教育（education）への投資をあげている。人間への投資は，経済的価値をもち，しかも獲得された能力が収入を高めるゆえに投資であると考えられる。そのような前提で投資と収益率（rate of return）との関連で，複数の投資機会のなかから貯蓄の最適な配分を達成する経済的決定がなされるのである。この人間への投資を整理したベッカー（Becker, Gary S.）は，教育，職場訓練（on-the-job training），健康，労働市場情報，移民をあげたが，シュルツは教育と職業訓練に絞って以下のように要約している。

まず職業訓練は技能や熟練の習得および労働生産性の向上のための投資である。ミンサー（Mincer, Jacob）の研究によれば，アメリカでは1939年から54年

の間にこの投資は4.5倍に増加した。またこの間に訓練への投資比率は高まり，学校へのそれは低下した。

　ついで問題とされる教育への投資は，人間への投資のうち最大規模のものであり，公的教育の制度化がすすむにつれてその重要性はたかまった。費用に関しては，学生とその親が負担する私的費用と全費用（total costs）との関係，教育費と職場（業）訓練費との関係が問われる。ついで修学から生じる利益（benefit），将来の所得（earnings）や消費者としての能力，生活の満足度を包含する。さらに収益率（rates of return）が金銭的収益について計算される。修学にともなう費用，間接的費用の総額に対する学歴段階別の所得が子細に測定される。シュルツは1939年と56年の間の収益率を低く見積っても年間12%であったと推定した（以上，Schulz, T. W., 1968, pp. 278-286による）。

　人が生涯にわたって稼得する生涯所得は，このような方式によって測定される。個人単位の収益率は私的収益率と呼ばれる。ところがシュルツの主要な業績は，国民所得の増加のうち，物的資本と労働の寄与率で説明できない部分（47%）を人的能力の向上によるとの仮説のもとで，教育資本の寄与率は，上記の説明できない部分の70%を占め，国民所得の増加分の33%に相当すると推定したことである（Schulz, T. W., 1963）。

　ヨーロッパ諸国でも，すでに1950年代後半から人的資本に関する研究が開始されていた。そのことを背景にして，1961年にはワシントンD.C.で開催されたOECDの公式会議「経済成長と教育投資に関する政策会議」に向けて提出された報告書の一冊がスベニルソン報告と呼ばれている。教育経済学研究委員としてはじめて委嘱されたのはクリステンセン，T.教授であったが，同教授はOECDの事務総長に就任した直後に，スベニルソン，I.教授にこの研究計画の責任者になることを要請した（OECD, 1961, 邦訳, 3頁）。この報告書は教育政策に経済政策の観点を取り入れたものであり1970年を当面のターゲットとした。

　このような観点は，国民所得倍増計画後の日本の教育政策にも導入され，文部省は1962年11月に『日本の成長と教育』を発表した（文部省, 1962）。この報

告書は日本の公教育に対する財政投資が教育資本を形成してきた歴史的経緯を叙述し，経済発展における教育の役割を評価した。そして前述のシュルツや，ソ連・科学アカデミー会員ストルミリンの研究を参照しつつ，シュルツの計算方式を適用して，日本の1930～55年の期間について試算がなされたようである。その試算の結果として「国民所得の総増加分の約25％が教育資本の増加に基づくものであると推定」した（文部省，1962，25～26頁）。なおこの試算には具体的な数値の表示がないため，あくまでも推定である。

1-1-2. 人的資源論とマンパワー政策

人的資本の理論と実証的研究を展開した経済学者は，人的資源という用語を使うのに慎重であったように考えられる。厳密に概念の用法を選んだのか，それとも資本と資源を明確に区別したのかは定かではない。少なくとも人的資本論を提唱した教育経済学者の主要な著作には，人的資源論は展開されていない。1968年刊の *International Encyclopedia of the Social Sciences*（『国際社会科学百科事典』）にはhuman resourceの独立した項目はない。しかしそれは「軍事心理学」という項目のなかにあらわれた。そこにおける人的資源は，第2次世界大戦後の軍事研究所の興隆のなかで発達した非営利の軍隊の契約研究所の一つの名称として用いられた。それはジョージ・ワシントン大学の人的資源研究所（Human Resources Research Office）である。同研究所は1960年代に訓練開発に関する心理学研究の組織となったが，軍事訓練センターであることに変わりがない（Bray, C. W., 1968）。

またコロンビア大学に人的資源開発研究所（The Conservation of Human Resources Project）が設置された。これはアイゼンハワーが陸軍参謀総長を辞任してコロンビア大学総長になったとき，第2次大戦中に精神的・性格的な欠陥のため約200万人の徴兵期の青年が兵役を免除されたことを反省し，アメリカ人の生活上の欠陥を究明するために設けた研究所である。1950年に設置された同研究所は，同大学の教授であり，米国マンパワー審議会の研究主査でもあっ

たギンズバーグ（Ginsberg, Eli）によって運営され，主な企業や財団を賛助団体としての参加を得た。また，数名のスタッフによって研究物を刊行した（笠井章弘，1968，33～42頁）。

しかし人的資源は1960年代後半にいたっても社会科学の学術的な用語として，明確な形で定着しなかった。それにもかかわらず人的資源はさまざまな分野で扱われてきた。たとえば前掲の『国際社会科学事典』では，軍事政策，政治家としての経歴，組織インテリジェント，国際機関の管理による技術援助，雇用と失業などの項目に人的資源が用いられ，より包括的には労働力との関連で用いられている。また遅くとも1960年代から労働政策，教育政策のなかで人的資源の開発，養成，活用，流動化が強調される傾向にある。その後，発展途上の国々において，人的資源の用語を冠する省が設けられている。このように人的資源は，それぞれの社会の労働力の総体を含意しつつ，さらにより計画的・包括的に養成し配置する意図のもとに用いられている。

この人的資源とともに，すぐれて政策的な意図にもとづく用語としてマンパワー（manpower）があげられる。アメリカでは1950年代までに，いくつかの大学の経済学者や社会学者が，労働関係や職業研究を基礎にしたマンパワー研究所にかかわっていたが，広義の労働政策を統合する形で大統領が議会に報告を提出するようになったのは，1960年である。その報告書の題名が *Manpower Report of the President* である。同報告書の1972年版は5頁分の「大統領のメッセージ」に続いてアメリカ労働局（U.S. Department of Labor）による"Report on Manpower Requirement, Resources, Utilization, and Training"によって構成されている。それによれば，積極的なマンパワー・ポリシーは連邦政府による雇用法（Employment Act, 1946）からはじまり，1958年の国防教育法（National Defence Education Act）の制定，地域再開法（Area Dedevelopment Act, 1961），マンパワー開発訓練法（Manpower Development and Training Act, 1962），経済機会法（Economic Opportunity Act, 1964），緊急雇用法（Emergency Employment Act, 1971）の制定，社会保障法の改訂（1967）と，法的措置が講

ぜられた（The White House, 1972, pp. 4-9）。1972年までのマンパワー政策の目標は，失業率の低下，生産性の向上と賃金・物価の抑制，雇用機会の拡大，貧困層の所得の上昇，均等な雇用機会の達成，人口の規模と配分への影響，教育とマンパワー政策の結合の諸項目に集約されている。このマンパワー政策の諸目標にみられるように，マンパワーに関する問題領域は往時の労働政策の枠組を越えるものであり，より包括的な人的資源政策である。

アメリカの連邦政府によって推進されたマンパワー政策は，徐々に他の国々に移転される。その間，マンパワーという用語は，単に国の政策にとどまらず，企業の人事施策をはじめとしてより広義に用いられるようになる。

1-1-3. 人的能力開発の視点

人的資源に関する論議のなかで，人的資源開発はまず政策的な課題として取り上げられ，ついで政策科学の一部に位置づけられ，さらに経営管理，経営組織の諸機能の一つとして施策の対象となった。その意味で人的資源開発はその標的を変えつつ，その意味も徐々に多様化してきた。そのうちまず人的資源開発と関連の深い人的能力開発について検討してみよう。

1960年に発表された国民所得倍増計画にもとづいて，経済審議会は1963年（1月14日付）に「人的能力政策」に関する答申書を総理大臣に提出した。この答申は『経済発展における人的能力開発の課題と対策』（以下，「人的能力開発報告書」と略す）として公刊された。

同報告書は人的能力開発を標榜した背景として，アメリカ，ヨーロッパ諸国，アジア諸国，社会主義国における政策動向，さらにはOECDの会議に言及している。とくにアメリカが第2次世界大戦と朝鮮戦争に際して，軍事目的から人的能力政策を緊急の課題として取り組んできた点を指摘している。そして同国が1950年に人的能力審議会（The National Manpower Council）を設置したことを評価する（経済審議会, 1963, 3頁）。このことから経済審議会が人的能力をマンパワーの訳語としたことは明らかである。

答申は,「人的能力政策の必要性」「人的能力開発の課題」「人的能力政策の基本方向」の3章によって構成され，それとは別に「需要活用分科会報告」「養成訓練分科会報告」「移動構造分科会報告」「条件整備分科会報告」が添付されている。各分科会の頭首には「人的能力部会」が付されている。これは経済審議会の部会であることを意味する。人的能力の需要活用から条件整備にいたる4分科会の設置は，人的能力開発にとどまらず，人的能力（マンパワー）のあらゆる側面を包括するとともに，当時の日本の教育と訓練の連携，労働需給と労働市場政策の改善，戦略的マンパワーの養成，労働・生活環境の整備，社会保障の拡充，国際協力の推進など，多くの政策課題に直面していたことを示唆する。

　「人的能力開発報告書」が発表された当時，日本社会は高度成長路線をひた走っていた。社会資本を整備することの必要性は提唱されてはいたものの，経済発展に直接かかわる課題が山積していたため，人的能力開発報告書に盛りこむべき事項も少なくなかった。

　このように高度経済成長期における人的能力開発計画は，多様な政策課題を設定することができた。それらの課題の解決が徐々に達成されるにつれて計画は見直されるべきである。しかし1970年代には高度経済成長路線から安定成長への政策転換の必要性が生じた。その後は石油危機の到来とその克服，国際競争力の強化，バブル経済の膨張と崩壊と，日本経済とその環境は目まぐるしく変化した。その間，人的資源開発計画はどのように改訂されたのであろうか。1960年11月に発表された国民所得倍増計画は，国民所得倍増計画中間計画検討報告（1963年12月），中期経済計画（1965年1月），経済社会発展計画（1968年3月），と続くが，その後は地域計画，国土開発計画に重点をおく全国総合計画へと引き継がれる。そして人的能力開発計画は文教，労働行政の所管に移譲される。文教行政の一環としての人的能力開発計画は，研究開発に重点を移している。この計画は，高等教育人口の増大にともなって事実上，形骸化したと解することができるかもしれない。典型的には最近の高等教育政策におけるCOE

（Center of Excellence, 2002）にみられ，科学技術を中心とするハイタレント・マンパワー育成を強調している。

　人的能力開発報告書は多岐にわたる政策課題を提言している。そこでは企業の人的資源にも触れている。以下ではその2点を指摘することとする。

　第1点は能力主義の徹底である。「人的能力の適応かつ効率的な伸長や活用」のためには「学歴や年功」を尊重する意義は薄れるとの前提にたって，まず当時の高等学校進学率（60～70％）と大学・短大進学率（10％）の上昇により「学歴偏重の客観的基盤」が変化したことを指摘している。ついで「国公私の組織体を支える年功的秩序と終身雇用慣行……，その基礎は崩れつつあるとみられる」とする。学歴偏重を排して能力主義を導入しなければハイタレント・マンパワーは育ちにくい。また組織体の年功的序列と終身雇用的慣行が存続する限り，人的能力の流動化は困難であると明言している（以上，経済審議会，1963，14～15頁による）。このような問題は，その後も形を変えて，また能力主義を提唱するいくつかの主体が登場して，繰り返し指摘された。なお，この「能力主義の徹底」は「人的能力政策に関する経済審議会の答申」において独立した節を立てて議論されている。

　第2点として「経営秩序近代化」と題する部分で，企業の年功制度に変更を加える提言がなされている。そこでは年功制度が経営秩序を維持する用具とみなされ，当時の技術革新の進行によって，企業内技能秩序が急速に崩れようとしている点に着目されている。従来の経営秩序を近代化する方向として，企業内賃金制度や昇進制度を公正で秩序ある体系にすることが唱えられている。そしてその基本として職務区分を明確にすることがあげられる。検討項目は，人事制度（採用，昇進，資格制度，定年，離職の慣行），賃金制度，経営組織（トップマネジメントの分権化，事業部制，稟議制度，長期経営計画，ゼネラルスタッフ），経営者（企業家としての経営者，組織者としての経営者，調整者としての経営者，後継者の養成）と多岐にわたり，人的能力の有効な活用方策が議論されている（経済審議会，1963，108～113頁）。なおこの「経営秩序の近代化」は需要活用分科会

報告の第2部「マンパワーの活用」の第1章に掲げられた題目であり，この第2部は「労使関係の現状と将来」「技術者，中高年階層および婦人労働者の活用」の章を含んでいる。

考えてみると「経営秩序の近代化」は，当時すでに崩壊しつつあると観察されていた従来型の日本型経営の諸特徴とそれを改革すべき方向を示唆していたといえよう。この経済審議会の「人的能力開発報告書」はマンパワーの養成，活用，移動の状況を微細にわたって，変革すべき課題を整理し政策的提言を行っている。そのうえで企業経営の近代化にかかわる問題点も摘出しているところに，大きな特徴を認めることができよう。

ここで人間能力開発にかかわる概念について小括したい。前述のように1950年にアメリカの連邦政府はマンパワー審議会を設置し，1960年から大統領マンパワー報告を毎年発行してきた。その影響を受けたと推測される日本の首相は経済審議会に人的能力政策に関して諮問をし（1962年9月），その答申（1963年1月）が公刊された書名に人的能力開発という用語が使われた。この経緯から人的能力が，マンパワー・ポリシーに代表されるように政策的な用語として使われはじめたが，早い時期から学際的な問題領域の概念として普及した。ここで学際的というのは，単に異なった研究分野の交流だけでなく，職業的背景が異なる人びとが，計画策定や政策決定にかかわる場合をも意味する。後者の例として，政策にかかわる委員会の人的構成が産業界，学界，官界にまたがっている場合をあげることができよう。たとえばMITの教授が中心となって開催された科学マンパワーに関するシンポジウム（Brown, S. C. *et al.*, 1971）は，産官学各界の出席によっている。

研究者がマンパワーの用語を使ってきた有力な例として，「経済発展における労働問題の大学間研究」グループの参加者の著作をあげることができる。同研究グループは1954年から全米の主要な大学の研究者を糾合して活動をすすめ，1960年までに参加者による14冊の本と32本の論文が公刊された。クラーク・カー（Kerr, Clark）を筆頭者とする本の共著者の4名は，従来の労働研究とは異質

の成果をあげた（Kerr, C., 1960）。そのうちハービソン（Harbison, F.）とマイヤーズ（Myers, C. A.）は，経営やマンパワーの国際比較の分野でまとまった研究業績をものにした（Harbison, F. & C. A. Myers, 1959, 1964）。経営の国際比較では主として先進工業国を対象としているが，工業化とマンパワーの研究では発展途上国にも関心を向けている。経済資源に対して経営資源の重要性が強調されているが，人的資本でなく人間能力にあたるマンパワーの用語を用いている。

人的能力はマンパワー政策の計画・策定を機軸にして，一国もしくは一地域のよりマクロな範囲で考えられてきたといえよう。またハイタレント・マンパワー，ヘルス・マンパワー，マンパワー・プロブレム，マンパワー・フォーキャスティングなどの用法にみられるように，多様な関連する問題とかかわりをもっている。なおイギリスではサセックス大学にマンパワー研究所が設けられ，従来の労働力，労働市場とは異なるマンパワーに関する広汎な問題の研究にあたっている。

1-1-4. 能力開発と人的資源開発

1960年代，日本では人間能力が公的にマンパワーと訳され，その後，マンパワーは人材，人的能力とほぼ同義的にひろく用いられるようになった。1960年代後半から70年代にかけて，一部の企業は既存の人事部とは別に，能力開発室を独立させた。その頃から，全産業を通して続いた春闘のペース・メーカーとして，また企業内教育・訓練のモデル的な役割を果たした，銑鋼一貫生産システムをもつ鉄鋼企業の各製鉄所では，旧工員を前身とする技能者の労務管理を労働部が分担し，旧職員の社員の人事管理を総務部人事課が担当してきた。企業内教育・訓練への要請がたかまるにつれて，本社に能力開発室が設置されたのである。その後，電気機器産業や自動車産業の各企業にも能力開発の文字を冠する部課への組織再編成，能力開発センターの新設が相次いだ。旧労働省の職業訓練局は職業能力開発局と看板を替えた。

このように日本では人的能力の原語であるマンパワーがより広い範囲で用いられ，マンパワー・ディベロプメントの訳語である能力開発が，公的組織および民間企業の組織名として使われてきた。その間，人的資源の用語もしばしば使われたが，労務管理，人事管理は企業の経営管理の一部門として，また大学の科目名（経営労務論，人事労務管理論を含む）として存続した。結果として人的資源管理は，企業の経営管理上の部門名としても，大学の科目名や学会名としても定着しないまま現在にいたっている。ただし，主として研究者の間で論文名，著書名として用いられることが多くなっている。また日本労務学会その他で人的資源管理論をめぐる討議がなされてきた。同学会の機関誌の表紙には Journal of Human Resource Management の英語が付されている。

人的資源開発（human resource development）も人的資源管理と同様に日本では用いられることが多くない。さきに紹介した経済審議会の報告書は人間能力開発の題名からはじまっているが，これはマンパワー・ディベロプメントの訳語であると解される。この用語は日本語としても英語としても用いられる頻度は減少している。それに対して1970年代に主としてアメリカから移入されたキャリア・ディベロプメント・プログラム（career development program, CDP）は，そのままの表現，また英語のイニシャルをとったCDPとして，多くの企業において日常的に用いられている。しかし人的資源開発の用語は頻繁に使われていない。

ところがアメリカの企業では，実践的な方法として人的資源開発が計画化されている。多くの企業では従業員の教育・訓練の対象がより拡大し，その計画が複雑になるにしたがって，業務はより専門的になってきた。そのため独立的な人的資源専門職（human resource professional）の役割が大きくなる。とくに1990年代のアメリカでは，組織のニーズと組織内労働力との間のバランスの回復が必要とされるようになった。そこで人的資源専門職が活躍する場面が増大した。一例を示そう。

家庭と仕事研究所（Family and Work Institute, ニューヨークのノンプロフィッ

トの調査・コンサルティング企業）は，1993年に雇用の質（quality of employment）と題する電話調査を実施し，アメリカの労働者が組織に対して忠誠心が低下したことを見いだした。その後，同研究所は，被雇用者の生活を包括的に評価するために，変化する労働力の全国調査（The National Study of Changing Workforce）を実施し，被雇用者の職場生活と私的生活の間に大きな葛藤が存在することを示唆する報告書をまとめた。長年，人的資源の専門職として，またコンサルタントの職務に従事してきたウィリアム（William, Lloyd C.）は1980年代後半から90年代にかけてアメリカの企業の従業員が組織暴力を経験したことを本にまとめ，組織内部に調和と信頼が存在しなければならないが，その状況が悪化している点を指摘した（William, L. C., 1994）。彼はそれに続いて出版した書物（William, L. C., 1995）の第1章「泥沼化の過程——くもの巣状の人的資源」(The Bogged down Process: Human Resources as a Tangled Web) で問題点を整理し，将来の人的資源の戦略を創造することを提唱した。そこで特記されている概念は，再構築，質的向上，組織開発，組織変化，人的資源開発，アファーマティブ・アクション，被雇用者開発などであり，とりわけ人や組織の開発に強調点がおかれている（William, L. C., 1995, p.4）。

　このうち人的資源開発のプログラムは以下の諸項目によって構成されている。(1) 経営者，管理者，従業員の訓練プログラム——組織パフォーマンスの基礎を創りチームワークの効率性を高めることは，従業員の効果的な開発の必須な要素である。経営者開発プログラムにおける新たな課題は，多様性，多文化主義，戦略的経営，全社的品質管理戦略である。管理者プログラムは効果的なマネジャー，カウンセリング，葛藤の解決，集団開発，チーム形成，コミュニケーション戦略に焦点づけられる。従業員訓練では個人間コミュニケーション，モティベイション，集団力学，ストレス経営が重視される。(2) 技術訓練——装置訓練，化学訓練，コンピュータ訓練，秘書スキル，エンジニアリング，製図スキルなどが必須とされる。(3) 基礎的教育スキルの訓練——ウォール・ストリート・ジャーナルの報告によると，成人労働力の40％以上が実質的に非識字

的である。そして組織は読み，書き，数学，論理など基礎的訓練を実施している。上級レベルでは，個別の学位プログラム，資格プログラムに対する授業料補助・教育助成プログラムが開始されている。(4)保健助成と健康増進──企業は従来より広範囲に，従業員の身体的異常に助成を拡大し，心身の健康向上のための諸機会を設け全体として企業が福利厚生にかかわりつつある (William, L. C., 1995, pp. 8-10)。

以上やや子細に紹介したのは，最近のアメリカの企業内教育・訓練の内容が豊富であること，企業の福利厚生施策が強化されていること，そしてそれらが人的資源開発プログラムとして，人的資源管理施策の一環をなしている状況を示すためである。これらの点を考えあわせるとアメリカの企業における人的資源開発は人的資源管理の一部分として位置づけられていると認めることができる。

以上，人的資源論の諸領域のうち，人的資本論，人間能力論，人間能力開発論，人的資源開発論の概念とその用法を，政策的・経済的な脈絡との関連で跡づけてきた。日本では1960年代の高度経済成長政策の重要な標的として，人間能力開発の多様な展開が課題とされた。当時，アメリカ，OECDにも同様な政策課題が検討されていて，それらの政策や発想が日本に影響を及ぼしたことはいうまでもない。マンパワーの訳語として人間能力があてられたが，人的資源の用語が用いられることは少なかった。

しかし企業経営に関して，マンパワー，能力開発の思想が注目をひき，従来の人事管理，労務管理を補充する形で，またそれらの性格を変える意味合いをこめて体系的な教育訓練を分担する組織として能力開発室が新設されたり，CDPや目標管理を制度として導入されたりした。このような動きが顕著にみられたのは1960年代後半であり，日本の高度経済成長がピークに達した時期であった。企業の人事管理，労務管理とも，その対象の構成，管理諸手法の導入と開発，諸制度の整備とあいまって概念的にも内容的にも変化しつつあった。

とりわけ賃金体系，人事諸制度の改革が必要であり，日経連（日本経営者団

体連盟，2002年5月から経団連と合併して日本経済団体連合会となる）の能力主義管理研究会は1969年に『能力主義管理——その理論と実践——』を報告書として公刊した。この研究会は，日経連が1965年の総会で採択した能力主義を具体的に検討するために設置された。同報告書は66年から69年にかけて集中的に議論された成果である。当時，日本の経営は，貿易自由化・資本自由化による国際競争の激化のもとで，技術革新の進展と労働力不足に対処していた。研究会は業績として顕在化される職務遂行能力を追及し，能力主義管理の施策として，すでに従業員のキャリアの形成，モチベーションの重視，昇給，昇進における平等な待遇を原則とすること，およびMBO（目標による管理），CDP，スキルズ・インベントリーの適切な適用，個人別情報管理をともなう人事管理を導入することを提唱していた（山田雄一「復刻版発行にあたって」日経連能力主義研究会，2002）。ここに提唱された人事管理に関する原則と施策は，現在でも十分に通用する内容を含んでいる。むしろそれらの原則や施策の重要性や必要性が認識されてきたにもかかわらず，各企業は組織のなかにそれらを十分に定着することができずに現在にいたっているのではなかろうか。多くの企業は能力主義的な原則を重視しつつ，さまざまな人事管理上の施策を制度化したものの，その試みは従来からの慣行にインパクトを与えるにいたらず実現されなかったことであろう。また従業員の選択にゆだねる制度を新設しても，かれらがそれを利用しなければ制度は形骸化するであろう。実質的に学歴と年功にもとづく慣行的な，昇進方式を排除する原則が示されて，新しい制度が導入されたとしても，その制度は容易に定着しない。このようにして能力主義管理は完全な形で日本の企業に根づかないまま30数年を経たと解するのが妥当であろう。

　この背景として企業内の慣行が存続することを望む組織風土がある。先任者が慣行によって恩恵を享受してきたのに，若い年齢者は急に新しい制度の対象となることに反発を感じるのである。このことは企業以外のすべての組織に共通する。インフォーマルであっても半ばフォーマルであっても，過去からの慣行のうち組織成員に利益をもたらすものは容易に消失することはない。慣行の

積極的な維持というより，伝統的なしきたりが惰性として存続するのである。このことは日本型経営を構成する諸要素が，企業外の大きな変化の波の到来にもかかわらず存続している状況をみれば明らかな通りである。

1-2. 環境変化と人的資源管理

1-2-1. 環境変化の四つの波

日本型経営に関する議論は枚挙のいとまがない。その形成過程，戦前と戦後の連続性，それに対する積極的評価と消極的評価，その特殊性と普遍性，海外事業展開にともなうその移転可能性など，主たる論点に限っても無限といってもよいほどの論争が可能であるからである。多くの議論のなかで齟齬が生じる場合がある。それは日本型経営の中味の認識のし方の食いちがいが生じる場合である。日本の多くの経営者と研究者は，1965年にアベグレン(Abegglen, James C.)が指摘した終身雇用，年功制，企業内組合を日本型経営の三要素であるとの認識のもとで思考する傾向にあるのではなかろうか。ところが1970年代後半以降にアメリカの論者が日本型経営を高く評価したのは，主として製造業の生産システムである。生産計画，アッセンブリー・ラインの設計，作業集団の編成を主軸とする生産システムが，労働者の怠業や非能率に悩んでいたアメリカやヨーロッパ諸国の自動車製造企業や電気機器製造企業にとって関心を集めた。そこで評価されたのは日本型生産システムであり人的資源管理制度ではなかった。

このように日本型経営についてのパーセプションのちがいはあるが，長年にわたって，議論と評価の対象とされた日本型経営は，日本的人事管理，日本的労務管理，日本的労使関係であった。このうち前二者は人的組織と深いかかわりをもち，企業従業員のデモグラフィックな要因を前提とする。往時の企業組織は，年齢，学歴を主要な指標とする重層的構造をなしていた。そして大企業は大量の若年層を基盤とするピラミッド的な人員で構成されていた。しかもその大半は義務教育修了者によって占められ，低い職位に位置づけられていた。

かれらは長年にわたって勤務を続けても，管理職に就ける機会は小さかった。ピラミッドの頂点は，少数の大学卒業者の経営者と管理者によって占有されていた。その背景として社会全体における高学歴就業者の少ない比率の学歴構成と，高年齢者の少ない年齢構成が1950年代まで続いていた点をあげることができる。ところがその後，学歴構成も年齢構成も大きく変化する。

　学歴構成において中等段階（とくに非義務教育の後期中等教育）の卒業比率が増え，さらに高等教育段階の卒業比率が高くなる趨勢は高学歴化と呼ばれている。人口の年齢構成のうち中高年齢層の比率が高くなる趨勢は高齢化と称せられる。この二つはデモグラフィックな変化であり，企業を含む日本社会の構造的な変質をもたらす環境的条件である。さらにオイルショック後の省力化，省エネ化を契機に開発されたME化（マイクロ・エレクトロニクスを主軸とする技術革新の進行）は日本企業の国際競争力を強化しただけでなく，後のIT社会の実現の要因ともなった。このME化は高学歴化，高齢化にともなう若年労働力不足に対応した省力化の成果であり，デモグラフィックな変化が遠因をなしたといえよう。IT化の帰結として日本製品の輸出が急速な拡大を示し，やがて1980年代中半には日米貿易摩擦を招く。それ以前から日本企業は他の地域への海外進出がはじまっていたが，先進工業国への日本企業の移転は大きなインパクトとなり国際化が進展した。

　高学歴化，高齢化，ME化，国際化は，企業の外的・内的変化をもたらした四つの波と呼ぶことができよう。高学歴化はおよそ1950年から60年代にかけて，高齢化は60年代から70年代にかけて，ME化は70年代から80年代にかけて，国際化は80年代にピークに達した。この大きな変化を四つの波と呼ぶと，その波の大きさ（量的変化）とともに波形（質的変化）は，単に企業経営の環境変化にとどまらず，人びとの生活様式や社会生活の隅々にまで厖大な影響を及ぼしてきた。ME化の影響は日常生活に便益をもたらしたが，高齢化は年金受給者を増大させ，負担と給付の面で世代間の不平等を生じさせつつある。このように四つの波は社会にさまざまなインパクトを与えてきている。以下ではそのなか

で企業経営とりわけ人的資源管理に変容を迫ってきた状況とそれに対する企業の対応を概観する。

1-2-2. 高学歴化・高齢化と人的資源管理

　1960年代後半，ベビーブーマーが高等教育機関（大学・短期大学）に進学する年齢に達し大学生の急増期を迎えた。高等教育進学率を左右する後期中等教育機関（高等学校）への進学率（通信制課程を除く）は，1955年には51.5％であったのが，60年の57.5％，65年の70.7％，70年の82.1％と短期間に急上昇し75年には91.9％と9割台を示した。そして中学校卒業者のうち就職率は，1955年の42.0％から60年の38.6％，65年の26.5％，70年の16.3％と急低下し，75年に6.9％を示した後はネグジブルな数値に下がった。就職者の実数は1955年の63万3576名，60年の63万3224名，65年の54万8672名と多かったが，70年には21万4174名と前年に比して半減し，75年にはその前年の3分の1以下6万3212名と急減し最近では1万余名となっている。この数値のうち1965年の中学校卒は235万9458名とまさにベビー・ブームのピーク時の年齢層であった。その直後にベビー・ブーマーの波が退潮に向かうとともに高等学校への進学がさらに高まったのである（以上は文部省，2001年度による）。この1965年前後に中卒就業者が急減し，その時期までに活況を呈していた事業内技能養成所や社立学校は募集難の状況にあった。中卒就職希望者は「金の卵」と呼ばれ，アポロの月面着陸（1969年）後には「月の石」といわれるほど稀少価値をもつにいたった。

　1960年の「国民所得倍増計画」と「教育訓練小委員会報告」は70年までに工業高校程度の技術者不足を44万人と見込んだ。文部省は高等工業課程生徒の定員増計画を策定した。この計画にもとづいて同課程の在籍者数は1960年の約27万7000名から66年の約61万8000名と倍増した。その時期の工業高校生の卒業後の職業別構成比のうち，1963年度の技能工は68.8％，69年度に71.6％と増えた。このことは一方で製造業の熟練技能者の道を選んだ工業高校生が多くなったようであるが，他方ではこの間，専門技術者として就職したものの比率は15.4％

から4.2％に低下している。それだけではない。この間の普通課程卒業の就職者の職業別構成比は，事務職の低下（50.7％から41.0％）とともに技能工の増加（13.0％から21.6％）がみられた（以上，岩内亮一，1998，137～139頁による）。このことは高等学校卒業者が，激減した中学卒業者の職務を補てんするようになったことを意味する。

　高等教育人口（大学・短期大学在学生）は1960年に約62万6000人であったのが65年に約93万8000人，70年に約140万6000人と10年間に約2.25倍となった。70年の在学生にはベビー・ブームのピーク期間に生まれた年齢層が含まれていた。それ以前の60年代後半に大卒ブルーカラー化という用語が使われた（筆者にも取材をした，日本経済新聞社・社会部長の大石修而氏が普及させた用語）。そのころ約20万人の大学生が就職市場に押し寄せた。なお高等教育進学率（浪人を含む）は1960年までほぼ10～11％であったのが1964年に19.9％に達し，その後4年間に微減した後，69年の21.4％，75年の38.4％と急上昇した。その後も平原状態が続き再び38％台となったのは92年であった。65～68年の進学率の低迷は新設私立大学の設置認可の遅延であり，76～91年の進学率の平原状態は定員の抑制によるものであった。

　日経連能力主義管理研究会が討議を開始した1965年には，中学卒業就職者の激減，高等学校卒就職者の増加が観察され，それに大学・短期大学卒業就職者の漸次的増加が見込まれた。同研究会が諸課題を検討する間に，中学校と高等学校からの供給量が急速に減少したため，報告書では求人難と人手不足が深刻化すると予測して，「能力主義による少数精鋭主義をすすめ〈増員なき企業拡大〉に徹しなければならない」としている。そして高等教育機関卒業生については「……とくに大学卒ホワイトカラーに対しては，学歴にもとづく全体的年功管理から能力にもとづく個別的能力主義管理への転換が強く要請」されているとの見方を明らかにしている（日経連能力主義管理研究会，1969，2001年版，118～124頁）。この報告は，一方では技能労働力不足に対して，たとえば少数精鋭による要員管理を強調し，他方では管理職を該当者の能力によって適材を選抜

し，降格もありうることを提言している。この能力主義にもとづく昇進管理の提唱は，従来の学歴，年齢，勤務年数による昇進管理の慣行からの脱却を意図するものである。そこでは従来からの長期雇用が前提とされ，日本の経営を特徴づける集団主義や稟議制度の長所を活用すべきであるとの見解が示されている。集団主義は日本の経営の組織原理であるとされ，経営学者によってその後もより深く論究された（たとえば，津田眞澂，1977；岩田龍子，1977）。稟議制度も日本の企業経営の意思決定方式としてその機能が明らかにされた（たとえば山田雄一，1983）。ともかく日経連能力主義管理研究会の報告書の重要な眼目は，高学歴化が進行するなかで，学歴・年功的な管理職への昇進方式を改革することであった。

　この高学歴化についで押し寄せた波は高齢化である。日本の人口構成において高齢層が急テンポで増加する傾向が1970年代の人口統計から指摘された。年齢構成を特徴づける指標は，当該社会の全人口に占める65歳以上の年齢層の比率により，その比率が高まる趨勢が高齢化と呼ばれている。1960年時点で65歳以上の年齢層が占める比率が5.73％であったのが，1970年に7.07％，1980年に9.10％と急上昇した。そして2002年には18.54％に達した。このような短期間の高齢化は世界に類のない変化であるとされた。たとえば先進工業国の先輩格であるフランスは約100年の年月をかけて高齢化したのに対して，日本は約四半世紀の間に年齢構成が急変したのである。これはデモグラフィックな変化であり，日本型経営を支えてきた従業員構成を変えた大きな波であった。

　このような高齢化は社会全体の趨勢であり，企業の従業員の年齢構成については，このうち20歳前後から定年までの各年齢層の規模の変化が問題とされる。1960年代の高度経済成長期に入社したコーホートは1970年代には35歳から40歳の年齢に達した。それに続く年齢層は1940年代後半生まれのベビー・ブーマーであり，たとえば1950年生まれの従業員は1980年に30歳を迎えた。後者のベビー・ブーマーは団塊の世代と呼ばれた。1970年代中半の当初は戦前・戦中生まれの世代の40歳前後の従業員の職務再配置とそれに必要な職業能力の再訓練が，

1980年代には団塊の世代の従業員の処遇と能力開発が，企業の近い将来にとって喫緊の課題とされた。

当時これらの課題は企業の中高齢者問題としてとらえられていた。その問題群は，(a) 中高齢者の能力再開発，(b) 理職への昇進と専門職制度，(c) 定年制と退職に大別される。まず(a)の能力開発は，中高年層に応じた職務への適応のための再訓練，および技術変化にともなう職務内容の変化に対応する職務転換のための訓練があげられる。中高年者は若いころに従事していた重筋労働に耐えられなくなる。また技術革新により，かれらが有する熟練は陳腐化する。そのために新しい職務に対する訓練が必要となる。

(b)は1953年以降，新制大学卒業後に入社した年齢層は，それ以前に入社した集団より人数が多く，企業は早い時期からすべての新制大学の初期の出身者に対して管理職位を提供できないと予想していた。高度経済成長期にはかなりの程度，かれらは管理者に昇進できたが，1973年のオイル・ショックと70年代の減量経営のもとで，昇進はより競争的になった（この点については岩内亮一，1980を参照のこと）。管理職不足は職能資格制度や企業内専門職制度によって，部分的に補われたから，問題の解決にはいたらなかった。

新制大学の初期の出身者に続いて入社した高学歴者のうち，1970年初頭に入社した団塊の世代の管理職への昇進は1980年代に入ってから，より逼迫した状況を迎え，一方では管理職候補者が増え，他方では，能力主義的昇進管理方式が普及する。この時期には，高学歴化の波について高齢化の波が覆いかぶさるような形で到来し，企業は従来の日本型人事管理の方策の変更を余儀なくされたのである。

(c)に関しては，一方では早期定年制の導入によって，中高齢者層の職業生活の充実を図る施策が案出されるとともに，他方ではより積極的に退職後の生活を早い時期から計画する退職後教育プログラムに取り組む試みが実施された（以上の中高齢者の能力開発，管理職制度は，産業労働調査所，1980にその多くの事例と論文が収められている。なお退職後教育プログラム Pre-Retirement Educational Program, PREPについては望月衛, 1989に詳述されている)。1970年代には行政当局から企業の定年延長を要請され, 従来の55歳定年制を1年ずつ延長する施策を設ける必要性が生じた。各企業は再雇用制度, 嘱託員制度などを新たに設けてそれに対応した。

2004年時点では, 団塊の世代は50歳代の後半に達している。すでにほとんどの企業は60歳定年制を実現させてきたが, 今後はさらに定年を65歳まで延長するように行政から要請されている。さらに年金の問題も企業にとって大きな課題となっている。厚生年金基金は破綻に瀕しているが国民皆年金制度を今後も維持するための改革案が提出されている。しかしバブル経済崩壊後の景気の低迷が続く昨今, 厚生年金拠出金の企業負担が重荷になりつつある。

1-2-3. ME化・国際化と人的資源管理

1973年の第1次オイル・ショックは, 日本の経済と企業の経営に深刻な影響を与えた。そのインパクトに立ち向かった企業とくに製造業の省力化・省エネルギー化の対応は, マイクロ・エレクトロニクス (ME) 技術の開発と高度化に結実した。とりわけ大規模集積度を誇る半導体の大量生産技術は世界の市場を席捲するほど発展した。ところがこのME化は労働の内容と雇用形態に多大な影響を及ぼした。1950, 60年代の重化学工業の発展をもたらした重厚長大型技術革新に対してME化は, 一方では軽小軽減型技術革新を挺子にして高品質低価値な製造を可能とし, 他方では生産現場の従来の旧型熟練を不要とし, 間接部門および非生産部門の職務内容にも変化をもたらした。職務内容の変化は職務再配置とそれにともなう教育訓練の追加だけではなく, 雇用の量的規模と雇用の形態の変更を余儀なくした。

この雇用の変化を察知した雇用職業総合研究所は「マイクロ・エレクトロニクスの雇用に及ぼす調査研究委員会」を設けた (筆者も委員として参加した。その成果は, 雇用職業総合研究所, 1982〜84にまとめられている)。この報告書の公表の後に多くの調査研究が開始され, ME化は一時的に人事労務管理および人的

資源管理研究の主要な潮流をなした。このME化の波は1970年代から80年代にかけて各企業に及び，企業は経営組織，業務体制に変更を加え，職務再配置，教育訓練にあたった。雇用形態のうちもっとも顕著な動きは大企業の情報処理部門の下請化である。赤坂近辺に立地した数百社のシステム・ハウスの従業員は，大企業の情報処理部門に派遣された。その主たる職務はコンピュータの保守，ソフトウェアの開発，プログラムの設計である。派遣社員をとりまく労働条件が劣悪であり，その規制のために派遣労働法が制定された。派遣社員に対する労働条件管理上の諸問題は，後の非正規従業員の人的資源管理における課題とつながっているのは周知の通りである。

　ME化に次ぐ波は国際化である。日本企業の国際競争力の強化は，まず製品輸出の拡大に結実した。すでに1970年代初頭から日本製品は，まずアジア各国に輸出された。当時の首相がタイ国を訪問した際，バンコクの市民から罵声を浴せられたことは，われわれの記憶に残っている。その時期，すでに国内需要は飽和状態に達していた。ところが1970年代後半の，ME技術の発展による製品輸出の拡大は，新しい局面を形づくった。たとえば日本の対米収支額は長らく赤字であったが，1980年にほぼイーブンになり，翌1981年から85年にいたる5年間は毎年，日本の輸出増が100億ドルに達した。この日本製品の輸出増は集中豪雨に比喩されるほどアメリカの産業にとって脅威となり，アメリカ政府はプラザ合意（1985年）を強行して，円高を誘導する外国為替市場政策を実現した。日本企業は海外移転を余儀なくされた。こうして日本企業とその経営の大規模な国際化が進行した。

　日本企業の海外移転にともなう諸課題のうち，最も困難なのは駐在員の養成と現地スタッフの人的資源管理である。通常，ヒトの現地化は現地従業員の採用から昇給・昇進にいたる人的資源管理に関心が向けられる。しかし実際には，日本人駐在員の適応，駐在員の現地スタッフとのコミュニケーションなどを含む多様な関係を有効に処理しつつ，移転先の企業として認められる努力を重ねて，はじめてヒトの現地化が達成されるのである（岩内亮一ほか，1992）。

それゆえ海外の各国，各地域に立地する日系企業の人的資源管理は，多くの側面を抱えている。第一に日本人駐在員の選抜と養成である。やや極言していえば，日本本社の駐在員の選抜はその場凌ぎであり，その養成は計画性に乏しいといえよう。それは駐在員の派遣の候補者の選定が事業部に要請され，その選抜を委任された事業部は派遣先が必要とする職務に対応する従業員に打診して依頼するからである。駐在員候補者の多くは，ある日突然，派遣方を上司から伝えられる。通常，この伝達から出発日まで3カ月程度しか期間がない。過去に経験した集合訓練や自己啓発を通しての課題研修はほとんど役に立たない。ここに企業の国際化教育に不備を認めざるをえない。

　第2は現地従業員の調達と管理方法である。海外事業展開の経験の浅い企業は，現地で日本語を理解することのできる人にその業務を依頼することが少なくない。やがて駐在員がその任にあたる。ところが現地の法的基準や慣行を熟知していなければ，現地従業員の人的資源管理に意図せざる失敗を重ねることになる。日本のさまざまな制度・慣行と現地でのそれとの間に大きな隔りがあるからである。さらに駐在員は，同じ職場で日常的に接する現地従業員と協業関係を構築するためには，正確なコミュニケーションが不可欠である。長らく日本型経営風土に慣れ親しんできた駐在員にとって，広義の異文化経営は初体験である。日本の企業内教育訓練体制のなかで国際化教育，国際要員教育が制度化されていたとしても，駐在員の教育には駐在先の社会や文化を学習する必要があるため，その制度はいまだ未成熟な段階にあるといってもさしつかえないであろう。

　しかしすべての海外日系企業が失敗を繰り返しているわけではない。周到な準備のもとで移転した企業，試行錯誤を試みつつ多くの経験を蓄積してきた多くの企業は，拠点を増やすたびにその経験を有効に活用している。本社の国際部や人事部の直接的な関与なくして，ある国で経験を積んだ駐在員が他の国の現地法人の立ち上げから業務体制の確立にいたるまでの権限を賦与される例があるからである。これは二国間移転である。筆者が調査した在英日系総合商社

は，アメリカでの経験をイギリスに活かし，さらに日本の人事制度にまで影響を及ぼしている。その影響は日本本社の人事考課制度の改訂である。上司によって記載された人事考課表を，被考課者に示し，被考課者はその考課内容を納得すればサインをするという方式である。この例は，いわば人的資源管理の逆輸入である。

　国際化の波がピークに達した1985年に男女雇用機会均等法が制定された。振り返ると男女間の雇用格差の解消は，もともと国際化と同様に外圧によって促進させられたテーマである。75年の国際婦人年のメキシコ総会は，すべての国連加盟国が10年後に男女間の雇用の諸条件の平等を保障する法を制定することを決議した。日本は先進工業国ではもっとも遅く法的整備にとりかかり，何とか1985年の法制定に漕ぎつけた。同法の発効後は，大企業を中心に女性を男性と同等の総合職として雇用する方式と，従来のように一般職として雇用する方式に分けるコース別人事管理を制度化した。1996年度の報告によればこの制度化を図った企業は4.7％と低率であるが，従業員規模5000人以上の企業では52.2％と半数以上に達している（労働省婦人局，1996）。男女雇用機会均等法は1996年，その不備な点を改訂した。また2002年には男女共同参画法が制定された。こうした性別役割分化を撤廃する法的基準の制度化と，それに対応する人的資源管理体系を構築することが急がれる。

　さらに最近ではバブル経済崩壊後の雇用調整によって激増した非正規従業員，学校卒業後就職しない若年の増加（中学校卒業者で約7割，高等学校卒業者で約5割，大学・短期大学卒業者で約3割であることから7・5・3現象と呼ばれている）とフリーターとしての労働の蔓延がみられる。これらの現象は企業に新たな人的資源管理上の課題を提起している。

1-2-4．人的資源管理の条件

　1960年代までの日本の企業経営を特徴づけた長期雇用，年功制，企業別組合を日本型経営の原型であったとすると，その原型を維持してきた基盤は過去40

年間にかなり大きく変化してきた。われわれはその変化を高学歴化，高齢化，ME化，国際化という四つの波としてとらえてきた。

　この四つの波のうち，前二者は日本社会のデモグラフィックな変化である。それに対して後二者は世界的な潮流である。ME化は日本の技術革新に帰因し現在ではIT化の進展につながっているが，この波は日本における産業技術の社会的影響に限定される性質のものではない。IT化はより広義には脱工業化社会論が予告した情報化の具現である。国際化は一面では1980年代の外国為替市場の操作と，それによる円高に抗しきれなかった日本企業が，製品輸出から海外移転に転換せざるをえなかったという意味で外圧であった。ところが他面ではかつての先進工業国だけでなく，より多くの国や社会の企業が国境を越えた経済活動に参加する。それにともなってさまざまな国や社会の経営方式が国際的に交流する。経営方式は，文書やマニュアルのように客体化されることもあるが，通常は人や集団を通して示される。人の言葉や行動には，それぞれの集団の習慣，慣行，価値観が表現される。そのため経営方式の交流によって複数の社会の文化（行動様式や物の見方）が出合う。このようにして経営のグローバリゼーションはますます加速化されるとともに，情報化もその技術的基盤の高度化と社会的な影響を及ぼしている。

　グローバリゼーションと情報化は，世界の多くの地域を結びつける鍵概念となっていると同時に，世界的規模の社会変動の動因でもある。日本の経営は，この大規模な潮流のなかに位置づけられ，国際的な評価の対象となる。その潮流の渦中にあって，原型としての日本型経営は変化してきた。日本型経営の中核をなしていた従来型の人事管理・労務管理もかなり変化した。さきに示した四つの波は社会変動の要素でもある。

　以上，四つの波が人事管理・労務管理に及ぼした点についても指摘し，従業員の職務設計，賃金体系，定年制度，昇進管理など諸制度や諸施策の開始や導入にもふれた。個別の制度や施策の積み重ねによって，人事管理や労務管理は部分的に変化するが，その全般的・包括的な変化のためには，どのような条件

が加えられるのであろうか。

　最近では人事管理，労務管理から脱却して人的資源管理の用語を使う事例が増えた。論文名だけでなく書名にも用いられるようになった。この人事管理，労務管理から人的資源管理に転換する契機をどこに求めればよいのであろうか。この表現の異なる管理の実態と，研究上のアプローチとしての管理論とを個別に考えることも可能である。1990年代，人事・労務管理から人的資源管理へのシフトに関する議論が展開されたこともある（西川清之，1997，184〜191頁）。主として関連する学会で人的資源管理の名称が使われつつあることを主な背景として，われわれは人的資源管理が成立する条件を以下の3段階に分けて考える。

　第1段階は人的資源管理の対象の一元化である。かつて企業の従業員は学歴別，職務別に処遇を受けていた。1960年代前半まで大学卒業者は学卒と呼ばれていた。大きな格差のある学歴別賃金テーブルが用いられていた。ホワイトカラーとブルーカラーは職務上の区別以上の身分的差別の指標とみなされていた。この種の集団別な管理の枠組みの消滅によって，人的資源管理の対象が一元化される。

　第2段階は個人の属性によってではなく業績によって評価され処遇されるシステムの確立である。日本の企業は1960年代後半から30数年にわたって，能力主義管理の樹立に向けて多くの技法や施策を案出してきた。ところが長期雇用の慣行が存続し，能力の概念も多様に用いられてきた。学歴イクォール潜在能力とする概念づけはそんなに珍しくない。能力主義をより徹底させる管理は成果主義であり，顕在的な業績に対する評価である。バブル経済崩壊後，リストラ，雇用調整，非正規従業員の増加などとともに成果主義が強調された。そのためバブル経済崩壊後の諸施策と能力主義管理の樹立とのちがいを明確にしなければならない。

　第3段階は社会的正義にもとづく平等の原則の達成をもって，はじめて人的資源管理の理念が実現される。端的には男女の平等であり，障害者と非障害者との差別の撤廃である。アメリカでは罰則規程付きの公民権法や雇用機会均等

原則が，平等と正義を基本とする人的資源管理を保障しているのである。正義と公正を基礎とする人的資源管理観が確立すれば，企業における人の管理の理念と実際に新たな展開がみられるであろう。　　　　　　　　　　【岩内　亮一】

参考文献

岩出　博（2000）「戦略的人的資源管理論の発展と人事労務管理の地位の向上」『日本労務学会誌』第3巻第2号，2～12頁。

岩出　博（2002）『戦略的人的資源管理論の実相』泉文堂。

岩田龍子（1997）『日本的経営の編成原理』文真堂。

岩内亮一（1978）「戦後日本の技術教育」梅根悟（監修）『技術教育史』講談社。

岩内亮一（1980）『学歴主義は崩壊したか』日本経済新聞社。

岩内亮一（1985）「経済変動と教育」岩内亮一・仲　康・武藤孝典・本吉修二編『教育と社会』学文社，158～170頁。

岩内亮一・安部悦生ほか（1992）『海外日系企業と人的資源──現地経営と海外駐在員の生活──』同文舘。

笠井章弘（1968）『マンパワー革命』講談社。

梶原　豊（2002）『人的資源管理論』同友舘。

経済審議会（1963）『経済発展における人的能力開発の課題と対策』大蔵省印刷局。

木元進一郎（1986）『労働管理と労使関係』森山書店。

熊沢　誠（1997）『能力主義と企業社会』岩波書店。

雇用職業総合研究所（1982-84）『マイクロエレクトロニクスの雇用に及ぼす影響』1-3。

産業労働調査所（1980）『中高齢者・管理職の人事・能力開発計画』産業労働調査所

津田真澂（1977）『日本的経営の論理』中央経済社。

中井節雄（1995）『人的資源開発管理論』同友舘。

西川清之（1995）『人的資源管理入門』学文社。

日経連能力主義管理研究会（1969）『能力主義管理──その理論と実践──』日本経営者団体連盟（2001年，復刻版）。

根本　孝（1998）『ラーニング・シフト』同文舘。

間　宏（1971）『日本的経営──集団主義の功罪』日本経済新聞社。

平野文彦・幸田浩文編著（2003）『人的資源管理』学文社。

望月　衛（1989）『PREPに関する研究』中高年齢者雇用福祉協会。

文部省（1962）『日本の成長と教育──教育の展開と経済の発達』大蔵省印刷局。

山田雄一（1983）『稟議と根まわし』講談社。

山下洋史（1996）『人的資源管理の理論と実際』東京経済情報出版。

労働省婦人局 (1996)『女子雇用管理基本調査』(平成7年度)。
Abegglen, James C. (1958) *Japanese Factory: Aspect of It's Social Organization*, Free Press.
Blaug, Mark (1970) *An Introduction to the Economics of Education*, Penguin Books.
Bray, Charles W. (1986) 'Military Psychology', in *International Encyclopedia of the Social Sciences*, Vol.10, The Macmillan Company and The Free press, pp. 333-339.
Brown, Douglas J. and Frederick Harbison (1957) *High-Talent Manpower for Science and Industry, An Appraisal of Policy at Home and Abroad*, Industrial Relations Section, Department of Economics and Sociology, Princeton University.
Brown, Sanborn C. and Brian B. Schwartz (eds.) (1971) *Scientific Manpower, A Dilemma for Graduate Education*, MIT Report, No. 22, The MIT Press.
Harbison, Frederick and Charles A. Myers (1959) *Management in the Industrial World*, McGraw-Hill.
Harbison, Frederick and Charles A. Myers (1964) *Education, Manpower and Economic Development*. 川田 寿・桑田宗彦訳 (1964)『経済成長と人間能力の開発』ダイヤモンド社。
Kerr, Clark, John T. Dunlop, Frederick H. Harbison and Charles A. Myers (1960) *Indutrialism and Industrial Man*, Harvard University Press.
Myers, Charles Nash (1965) *Education and National Development in Mexico*, Princeton University Press.
OECD (1962) *Policy Conference on Economic Growth and Investment in Education*, Vol. II, Targets for Education in Europe in 1970. 産業計画会議訳 (1963)『経済発展と教育投資——スベニルソン報告——』経済往来社。
Schultz, Theodore W. (1963) *The Economic Value of Education*, Columbia University Press. 清水義弘訳 (1964)『教育の経済価値』日本経済新聞社。
Schultz, Theodore W. (1968) 'Capital, Human', in *International Encyclopedia of The Social Sciences*, Vol. 2, The Macmillan Company and The Free Press, pp. 278-286.
The White House (1972) *Manpower Report of the President*.
Williams, Lloyd C. (1994) *Organizational Violence: Creating a Prescription for Change*, Quorum Books.
Williams, Lloyd C. (1995) *Human Resources in a Changing Society, Balancing Compliance and Development*, Quarum Books.

2 賃金制度の変貌

2-1. わが国の賃金制度

2-1-1. 人事政策転換への取り組み

20世紀後半から21世紀にかけて，グローバリゼーションの進展とともに，日本のみならずいずれの国における政治経済，社会情勢も急速に変化し続けており，それに対応しての社会システム，企業等の経営システムは転換を迫られている。

政治経済，社会情勢の動向に影響を与えている要因として，グローバリゼーションの進展，情報社会，技術革新の進展等々を念頭におき，さらに日本においては進学率の上昇（高学歴化），高齢化等々を念頭において，それらを企業は経営変革ニーズ発生の背景として位置づけてきた。

個々の企業にとっては，その経営風土，戦略，あるいは蓄積した経営資源により，環境動向への対応，環境対応行動の比重も一様ではないが，多くの企業が環境動向に対応してのリストラクチャリング（restructuring 事業再編成）に取り組み，経営課題を明確にしつつ，課題の解決に取り組んでいる。

日本の企業および人的資源管理に関しては，経営風土の側面から終身雇用（長期雇用慣行），年功制度，企業内労働組合等々に特徴があると指摘されており，またW・G・オオウチは日本とアメリカ企業との特徴的な部分を対比させ，日本企業には，終身雇用（lifetime employment），遅い人事考課と昇進（slow evaluation and promotion），非専門的な昇進コース（non-specialized career paths），人に対する全面的な関わり（wholistic concern）等々の存在を指摘している（Ouchi, W. G., 1981. 徳山二郎訳，1981, 88頁）。

ここに指摘されるような日本の経営風土，それに立脚した人的資源管理制度は，日本の多くの企業にみられるケースではあるが，これらの風土，制度が企業経営の維持，発展の障害であるという視点から，能力主義管理の導入がすすめられてきた。

　能力主義管理は，日本経営者団体連盟（日経連，2002年5月，経済団体連合会と合併して日本経済団体連合会となる）が，1965（昭和40）年の総会において，「労働者一人一人の能力を最高度に開発し，最大に活用し，かつ，学歴や年齢・勤続年数にとらわれない能力発揮に応じた真の意味における平等な処遇を行うことによって意欲喚起を重視し，もって少数精鋭主義を目指す人事労務管理の確立を産業界全体の見解として採択した。われわれはそのような人事労務管理を能力主義と名づけた」（日経連能力主義管理研究会，1970，1頁）とする人事労務管理に関する考え方である。そして，能力主義管理を次のように定義した。

　すなわち，「能力主義管理とは，労働力不足・賃金水準の大幅上昇・技術革新・開放経済・労働者の意識の変化など，経済発展段階の高度化にともなうわが国企業経営をめぐるきびしい環境条件に積極的に対応して，従業員の職務遂行能力を発見し，より一層開発し，さらにより一層有効に活用することによって労働効率を高める，いわゆる少数精鋭主義を追求する人事労務管理の総称である。とくに現段階では，従来の年功・学歴を主な基準とする人事労務管理から可能なかぎり客観的に適性・能力を把握し，それにもとづく採用・配置・教育訓練・異動・昇進・賃金処遇・その他の人事労務管理への移行をすすめることである。それはいわゆる画一的年功制からの脱皮である」とされる（日経連能力主義管理研究会，1970，52頁）。

　日本の経営風土に立脚して整備された人的資源管理制度（人事労務管理制度），施策，慣行等において，経営環境の推移に対応して導入された能力主義管理の考え方，制度，施策は，どのような状況にあるかは精査，検討されねばならないが，現状においてもいまだに能力主義人事の徹底を人的資源管理上（人事労務管理上）の重点課題としている調査報告もあり（日経連・日本産業訓練協会，

2001, 20頁), ここに日本の人事労務管理, あるいは賃金管理を考えるにあたっての課題があるといえる。

1990年代に入り,「継続的に高い業績を上げる人に特徴的に見られる, 物事の考え方や仕事に対する姿勢, こだわり, 行動特性」(相原孝夫, 2002, 50～54頁) に着目して評価するコンピテンシー (Competency＝Competence) の考え方を基盤にして評価する成果主義人事の導入が行われるケースが増加している。

成果主義は, 担当職務の成果, 業績にもとづき賃金を決定する制度であり, 目標達成度を評価し, 賞与に反映させるのが一般的であるが, 基本給の一部に組み入れるケースもみられ, 能力主義管理における賃金管理においても主張された「画一主義から個別化へ」「業績・能力による賃金決定」(日経連能力主義管理研究会, 1970, 479～481頁) をより積極的にすすめる考え方ともいえる。

2-1-2. 賃金制度の整備と見直し

徳川時代の俸給生活者であった武士階級には, 身分に対応して給される禄高 (例, 2000石等) が年俸制として支給されていた。しかし, 明治新政府の官僚に支給された給与は月給制となり (1871 (明治4) 年), 工業化の進展とともに, 月給制の普及, 拡大がすすみ, 日本の賃金制度は形成されたが, 21世紀前後から急速に拡大しつつあるグローバリゼーションの進展, その他経済活動の変化に対応して, 管理職層を中心にして年俸制の導入ケースが増加している。これらの賃金形態は, 一般に定額賃金制と出来高賃金制とに分類され, 前者には時間給, 日給, 週給, 月給制および日給月給制等があり, 後者には単価請負給として単純出来高給, 差別出来高給制, メリック多率出来高給制等と, 時間請負給として標準時間請負給制, ハルセー割増制, ローワン割増制, ガント賞与制, ビドー点数制等々がある。

21世紀前後から顕著になりつつある日本の労働市場は, 雇用形態の多様化, 就労形態の多様化に対応して, さまざまな賃金支払形態を導入しており, 賃金制度は急速に変化しつつある。

賃金には，現金給与総額（賃金）としての定期給与（所定時間内給与と所定時間外給与）と臨時給与，退職金があるが，賃金内容も転換しつつある。たとえば，臨時給与に代表される賞与は成果にもとづいて支給額を決定する。退職金（退職一時金）については，たとえば，月給制であるならば，本来は毎月の給与で支給されるべき賃金が退職時に支給されるものであるとの考え方もあるが（賃金後払説），この考え方が変化しつつある。

グローバリゼーションの進展にともない多国籍化した企業の国内外の要員が国境を越えて人事異動をする時代になり，退職金制度が導入されていない海外法人から日本本社に異動し，定年を迎えるケースも出てきた。退職金制度は，一部企業年金化の方向へと進んだが，その問題点，矛盾が表面化して，退職金制度の見直し，廃止を考える企業のケースも出ている。

さらに，年功制を特徴づけていた年齢，勤続年数に対応しての賃金支給にかかわる制度を廃止するケースなど，社会経済の動向に対応して，あるいは個別企業の選択する戦略に対応して，制度の見直し，改革，新制度を導入するケースは多々あり，わが国の賃金制度は急速に変貌しつつある。

2-2. 矛盾の拡大と賃金制度の改革

2-2-1. 賃金制度に影響を与えた電算型賃金体系

賃金には，労働力再生産費用つまり生計費としての性格と，労働市場における労働力需給価格としての性格，そして，雇用労働者の所得としての性格等がある。賃金を決定するにあたっての基準としては，これらの性格を前提に考えねばならないが，日本の賃金決定の歴史においても，第2次大戦終了（1945年）後から，1950年代半ばまでは生活賃金論（生計費）にもとづいて賃金が決定されていた。

それは1947（昭和22）年4月に「日本電気産業労働組合が考え出した，年齢基準による本人給および家族手当による生活保障を中軸においた電算型賃金体系」（吉村司郎，1957，228頁）である。

電産型賃金体系は，(1)インフレによる生活費の騰貴，戦時戦後の極端に低い生活水準，これに対し企業の支払能力あるいは生産性の低調さからくる低賃金という点から，生活費を基準とする最低賃金を確保する，(2)(1)を主軸において特定地域（寒冷地手当の必要な地域）生活者への加給，(3)能力，勤続，勤怠に応ずる加給，(4)企業内の封建的主従関係の表現である資格，身分制度，学歴，性別による不平等は撤廃する，等々の考えにもとづいていた（吉村司郎，1957，228～229頁）。その後，1950年代後半に電産型賃金体系にもとづく考え方は後退するが，今日にいたるまでわが国の賃金体系に多くの影響を及ぼしてきたといえる（図表2−1参照）。

図表2−1　電産型賃金体系

```
                        ┌─ 基本賃金 ──┬─ 生活保障給 ─┬─ 家族給  ┐
          ┌─ 基準労働賃金 ─┤            ├─ 能　力　給  │          ├ 基本給
          │              │            └─ 勤　続　給  │  本 人 給┘
          │              └─ 地域賃金
          │              ┌─ 超過労働賃金 ─┬─ 時 間 外 手 当
          │              │                └─ 当 直 手 当
          ├─ 基準外労働賃金 ┼─ 特殊労働賃金 ─┬─ 特 殊 労 働 手 当
          │                │                ├─ 作　業　手　当
          │                │                └─ 特 殊 勤 務 手 当
          │                └─ 特殊勤務手当 ─┬─ 僻　地　手　当
                                            └─ 居住地制限手当
```

資料出所：労働省（現厚生労働省）労働基準局賃金部監修『最新賃金事典』産業労働調査所（現産労総合研究所），1968年，158頁。

ここでの賃金体系という用語は，第2次大戦後の労働組合運動のなかから生まれたが，その構成は次のように分類されていた。

A　基本給：事業所で本給，基礎給といわず特別手当，臨時加給，物価手当等の名称を付している場合も，この範囲をもとに決定される給与はすべて含む。B以下には含まれぬもの
　(1)　年齢給（名称のいかんにかかわらず，年齢のみによって決定される給与）
　(2)　学歴給（同様に学歴のみによって決定される給与）

(3) 勤続および経験給（同様に勤続あるいは経験年数またはその両者によって決定される給与）

(4) 能力給（地位，職権に関係なく，智力，熟練，技術等を主な判定条件として個人の能力を測定し支給する給与）

(5) 役付給（職務の地位，名称に対して支給される特別の給与）

(6) 職務給（職務評定にもとづいて算定される給与）

(7) 特殊作業給（普通の労働とちがった特殊の勤務につくことに対し，あるいは特殊の作業環境において勤務することに対して支給される給与）

(8) 一定額給与（全労働者に対し一定額を支給する給与，出勤を条件とするものも含む）

(9) 総合決定給（年齢，学歴，勤続年数，経験能力，地位，職種，勤務成績等の要素を総合的に考慮して個人別に決定される給与であって，(1)〜(3)の給与にわけて算出することができない給与）

B 奨励給

(1) 精皆勤給（一給与締切期間以上の期間において一定日数以上出勤した労働者に限りとくに支給される給与）

(2) 能率給（個人または団体の生産能率，勤務成績によって算定される給与）

C 生活補助給

(1) 家族給（扶養家族の数に応じて定められる給与）

(2) 単身者世帯主別給（単身者と世帯主とで区別して支給される給与）

(3) 通勤給（通勤交通費の全部または一部を支給するもの）

(4) 住宅給（事業所の支給する住宅の有無によって支給される給与）

(5) 地域給（同一企業に属する三以上の事業所中，特定地域所在の事業所労働者にたいして支給される給与，および同一事業所内でも特定地域に居住する労働者にたいして支給される給与）

(6) 税，保険料事業主負担給（労働者給与より控除されるべき所得税または住民税，社会保険料を，その一部または全部について控除を行わず，事業主が労働者

に代って負担している場合のみの負担額）

(7) その他（(1)～(6)以外の生活補助のために支給する給与。たとえば別居手当，子女教育手当）

D　超過勤務給

(1) 時間外勤務給，(2) 深夜勤務給，(3) 休日出勤給，(4) 連続給および交替給，(5) 当宿直給

E　臨時作業給

F　不就業給

(1) 年次有給休暇に対する給与，(2) 自己の都合による休暇に対する給与，(3) 自己の都合によらざる休暇に対する給与

G　その他の給与

以上に分類された賃金構成（賃金体系）は[1]その後に改廃された給与等があるものの，日本の賃金体系に種々の影響を与えたといえる。

2-2-2. 能力主義管理に対応した職能資格制度

能力主義管理の思想は，日本の人的資源管理に多くの影響を与えたが，賃金管理の面においても影響を与えた思想であった。

日本固有の歴史，風土を基盤に根ざして形成された属人的要件（年齢，学歴，経験年数等）にもとづく年功的処遇，年功賃金に対しては，改革すべきとの観点から，1940年代後半以降に職務給導入等への関心がみられたが，それらの制度が導入されることはなかった。しかし，職務，能力に対応した賃金管理への関心は高まっており，日本経営者団体連盟（現日本経済団体連合会）は，「賃金体系として『あるべき理想制度』を一義的に追求することは，現実的ではないし，一足とびに理想にもっていくことは事実上不可能である。しかしながら賃金体系の具体的運営において，将来への展望を持ちながら，一歩，一歩職能給化，職能化，能率給の拡大，したがって年功給部分の縮小という基本的方向は追求されなければならない」との問題意識をもっていた（日経連能力主義管理研

究会, 1969, 479頁)。

　そして, 第 2 次大戦後に導入された資格制度が, 1960年代後半に広く普及するようになった職能資格制度に再編成される動きをとらえて,「職能資格制度は学歴・年功を軸とした資格制度から, 能力の指標となり得なくなった学歴・年功を払拭し, 職務遂行能力の高さおよび職務遂行能力の質的差異により従業員の序列づけを行う制度であり, 職務中心の管理により一歩接近するものである」(守井英夫, 1973, 52頁) とし, これこそが真に職務に見合う賃金管理の方向として合理的であろうという見解を示している。

　その後, 年功賃金の矛盾に対応する制度として, 職能資格制度が日本の人事システムとして普及, 定着してきた。同制度は, 仕事を等級に分類し, それぞれの等級に対応する能力に合致した従業員をそれぞれの等級に格付けし, それにもとづいて昇進, 昇格, 賃金, 能力開発活動を実施していく制度であり, 従業員の能力の成長段階に応じて格付けを行う制度として, また, 職務, 職種変更に関係なく従業員を処遇する制度として, 日本の人事システムとして定着した経緯がある。

　しかし, 同制度では, 能力 (職務遂行能力) に対する評価基準, 等級への格付けの曖昧性が指摘されてきた。とくに等級への格付けは能力評価と密接に関連するが, 一定の職位に一定期間滞留することによって能力を保有するとの観点から格付けされる等の状況から, 制度運用が年功的として受けとめられる傾向がある。また, 職務間の調整の難しさ, 昇格の納得性, その他が指摘され, 制度再設計への取り組みも試みられてきた。

　たとえば, ライン昇進は職位に対応し, 格別問題にはならないが, 研究職, 技術職, 企画職等々のスタッフ昇進に関しては資格職名 (首席 (研究) 部員, 主任 (研究) 員, 副主任 (研究) 員, 等々) を設けて処遇する。さらに, 管理職定年制を導入して, 有資格者を処遇する等の措置が導入された。

2-2-3. 処遇体系の複線化と賃金制度

職能資格制度の運用上の問題点として指摘されてきた，上位等級への格付けの問題は，日本の昇進管理上の問題でもあった。

1960年代後半から技術革新に対応しての専門性の高い技術者育成へのニーズが意識され，技術者を単純に管理者に登用することの問題点が表面化しつつあった。また一方において，ライン管理者を支える専門性の高いスタッフの役割が増大しつつあり，専門性の高い人材の必要性がたかまった時期に，いわゆる専門職制度の導入がみられるようになった。

1949 (昭和24) 年に，三菱電機は販売関係業務の専門部長，専門課長を任命し，50 (昭和25) 年には，専門職制度の母胎となった「係長と同じ待遇の職階級」制度 (職階制度) を導入した歴史がある (守井英夫，1973，52頁)。さらに1962 (昭和37) 年には「技術革新を推進し，組織の合理化を図るために，必要な専門スタッフを管理者と同等の地位にまで高める」等を目的にして，専門職制度を導入しているが，同社の制度は，専門部長，専門課長，専門係長の3段階に区分され，それぞれの管理職の体系と対応していたが，管理職としての地位・権限をもたないスタッフとしての役割を与えられていた。また待遇面に関しては，「同一段階の管理職と同じ待遇とする」と規定された (守井英夫，1973，52～58頁)。

その後，同社の制度は時代に対応して改訂されているが，第2次石油危機以降 (1978～79年) に「処遇のための専門職」から「機能する専門職」制度への改革がなされ，多くの企業において「一般職から管理職」「一般職から専門職」等という処遇体系が導入されるケースが拡大した。それに対応して職能給，職務給を中心とした能力重視の賃金制度を導入するケースも拡大し，高齢化の進展とともに，高齢化対策としても能力と賃金に対する関心を高めていった。

その時点における議論は，高齢化を背景として，生活給体系の適切な位置づけと属人的な能力中心の職能給制度導入に関してであったが，労働の質・量・能力が適正に賃金に反映される新しい職務体系の形成が必要との観点から「身分的・属人的従業員管理から職務を中心とした制度としての職務給を導入」し

たケースや，生産性向上を基本的要件として能力主義を徹底し，成果の公正配分をするとの観点から「資格制度，職務分類制度を導入し，仕事給，能力給を新設した」ケース等々と，賃金制度改革への取り組みが拡大した。

1955（昭和30）年以降，労働組合が春に実施した賃金闘争（春闘）は21世紀になると形骸化したといわれ，また日本経営者団体連盟（現日本経済団体連合会）が賃金決定の基本原理として提唱した生産性基準原理等[2]に関しては，日本の賃金問題，賃金決定のプロセス等を理解するうえからも認識しておかねばならないであろう。

2-3. リストラクチャリングと賃金

2-3-1. 労働移動と賃金

1996年，東アジア諸国での輸出の停滞は97年に表面化した東アジア経済の深刻な不況の原因になったといわれ，世界から注目された東アジア諸国の経済成長が頓挫した状況にグローバル化した各国の経済情勢が端的にあらわれていた。

日本の経済も，よりグローバル化した国際経済の仕組みのなかで，経済構造の転換を求められ，ビッグバンに象徴される改革への取り組みがなされた。

以上の環境要因，潮流に対応して，企業はいかにして経営を維持するかという観点からリストラクチャリングに取り組み，リエンジニアリング（reengineering 仕事の進め方の抜本的な見直し）を行い，カンパニー制（企業内企業），フラット組織，社内ベンチャー制度等々と，さまざまな仕組みを導入して，新たな環境への対応を模索し，システムの再構築に取り組むことになった。

新たな制度等の導入には，それらに対応した配置管理，昇進管理，出向・転籍等の雇用管理活動にかかわる施策の導入があり，能力，業績に比重をおいた賃金管理上の施策，人事考課制度の改革等々と，さまざまな人的資源管理上の施策を導入する契機になった。

ここで企業で働く一人ひとりの労働者には，自己の職業能力の点検が求められたが，それは環境変化に対応できないがゆえのミスマッチの発生が顕著であ

り，いかにミスマッチの発生を予防し，職業能力の充実，向上に努めるかが一人ひとりの労働者の自己責任によるところがきわめて大きいとの観点からであった。

労働者が具備することを期待される職業能力を保有しているか否かが労働者にとっては雇用機会の有無，能力発揮の機会の有無，賃金水準を決定する要因になる時代になったともいえる。

2-3-2. 人材の確保と賃金

企業経営においては，経営環境，経営戦略に対応した経営資源の有効活用システムをいかに構築するかが，経営目標達成のための重要な要件になる。なかでも重要な経営資源としての「人的資源」を管理する人的資源管理システムを，経営環境に対応したシステムに再編成することは重要な経営課題の一つといえる。

経営課題に取り組むにあたっては，いくつかの視点からの取り組みがあると思われるが，たとえば，日本経営者団体連盟（現日本経済団体連合会）は，日本的経営の基本理念である「人間中心（尊重）の経営」と「長期的視野に立った経営」が，グローバリゼーションの潮流，技術革新の進展等の推移の速い経営環境においても，日本企業の基本的経営理念たりうるか否かを検討し，経営者団体としての経営理念を明確にしているが，この考えも21世紀初頭の労働市場の動向との対比において検討すべきであろう。

すなわち，日本の産業，企業は，複雑な背景をもった経営環境の変化，推移に対応しての経営活動を展開しているが，環境変化，推移に対応して，経営活動の側面においては，変えねばならぬ側面も生じているが，上記の基本的理念の重要性をあらためて認識する必要があるとしている。

かつてアベグレン（Abegglen, J. C.）が指摘した日本の経営特質が，終身雇用慣行や年功賃金制度といった制度・慣行（前述）にあるのではなく，そうした運営の根本にある「人間中心（尊重）の経営」は，人間関係が経営の基本で

あるという哲学を表すものであり，日本企業が雇用の維持に最大限の努力を払い，安定的な労使関係をもたらしている理念である。そして，「長期的視野に立った経営」は，日本企業の発展の源泉であり，長期的視野に立った事業計画，設備投資，人材育成など長期志向の経営姿勢は長期継続雇用のうえに成り立つものであり，日本企業の長所と考えるべきであるとし，これらの理念が日本的経営の基本であり，経営活動面の制度，仕組みは，環境条件の変化に応じて変える必要があるものの，基本理念は普遍的性格をもつものであるとしている（日本経営者団体連盟，1995，21～24頁）。

しかし，労働力をめぐる環境変化に対応しての問題もあり，具体的に雇用管理制度全体のあり様についての提示はなされていない。

それは雇用管理，賃金管理，能力開発，企業福祉等々の施策にかかわる雇用形態についての提示にとどまっているが，提示された雇用形態は「長期蓄積能力活用型グループ」「高度専門能力活用型グループ」「雇用柔軟型グループ」の三つのタイプであり，第一のタイプとして提示された長期蓄積能力活用型グループとは，日本の雇用慣行であった長期継続雇用という観点から，「企業として働いてほしい，従業員としても働きたい」という労働者を対象にした雇用であり，処遇は職務，職位に対応して考える。

第二のタイプである高度専門能力活用型グループは，「企業の抱える課題解決に，専門的熟練・能力をもって応える，必ずしも長期雇用を前提としない」労働者を対象にし，処遇は成果と処遇を一致させる。

第三のタイプである雇用柔軟型グループは，「企業の求める人材には，職務に応じて定型的業務から専門的業務を遂行できる」労働者であり，「従業員の側も余暇活用型から専門的能力活用型」までの多様な考え，能力を保有している労働者である。

これらは，企業は企業のニーズ，労働者のニーズに対応して労働者を雇用し，処遇は職務給等で対処するという雇用のタイプである（日本経営者団体連盟，1995，31～33頁）。

2 賃金制度の変貌　53

図表2－2　雇用形態別処遇

① 企業・従業員の雇用・勤続に対する関係

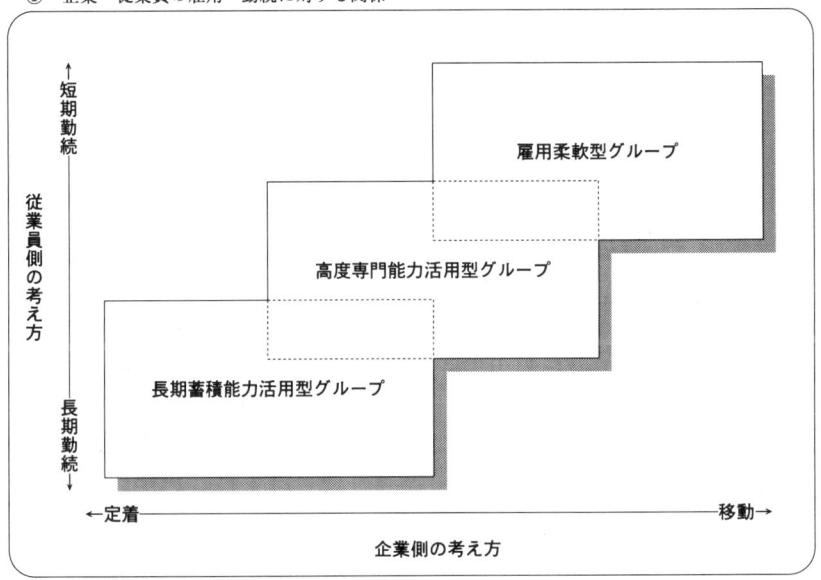

```
                                    ┌─────────────────────┐
  ↑                                  │  雇用柔軟型グループ    │
  短                                 │                      │
  期         ┌──────────────────┬───┘                      │
  勤         │ 高度専門能力活用型グループ │                          │
  続         │                  │                          │
従         ┌──┴──────────────┬───┘                          │
業         │ 長期蓄積能力活用型グループ │                                │
員         │                 │                                │
側         │                 │                                │
の         └─────────────────┴────────────────────────────────┘
考
え
方
  長
  期
  勤
  続
  ↓
     ←定着─────────────────────────────────移動→
                    企業側の考え方
```

注1：雇用形態の典型的な分類
注2：各グループ間の移動は可

② グループ別にみた処遇の主な内容

	雇用形態	対象	給与	賞与	退職金・年金	昇進・昇格	能力開発	福祉施策
長期蓄積能力活用型グループ	期間の定めのない雇用契約	管理職・総合職・技能部門の基幹職	月給制か年俸制　職能給昇給制度	定率＋業績スライド	ポイント制	役職昇進　職能資格昇給	OJT, OFF-JT　自己啓発援助	生涯総合施策
高度専門能力活用型グループ	有期雇用契約	専門部門（企画, 営業, 研究開発など）	年俸制　業績給昇給なし	成果配分	なし	業績評価	OFF-JT　自己啓発援助	生活援護施策
雇用柔軟型グループ	有期雇用契約	一般職　技能部門　販売部門	時給制　職務給昇給なし	定率	なし	上位職務への転換	OJT中心	生活援護施策

資料出所：『新時代の「日本的経営」——挑戦すべき方向とその具体策』日本経営者団体連盟（現日本経済団体連合会），1995年，32頁図表7および図表8に「能力開発」を付加。

以上の雇用形態に対応した人事施策を講じる企業の傾向は21世紀の初頭において，すでに各産業に拡大しつつあり，日本の雇用管理，それに対応しての人事制度が新たに構築されつつある状況がみられる（図表2－2「雇用形態別処遇」参照）。

　企業は自社の経営戦略，人的資源管理の方針等にもとづいていかに有能な人材を確保し，いかに能力を発揮させるか，そのモチベーション要因となる賃金管理に関してはより一層の対応が求められてきた。

2-3-3. リストラクチャリングに対応した賃金制度の見直し

　1990年代に取り組まれたリストラクチャリングの内容は，企業により一様ではないが，ITの普及拡大，グローバリゼーション・技術革新の進展と円滑な意思決定のニーズ等々への対応から，ピラミッド組織をフラットな組織へと組織構造を改革するケース，事業拠点の統廃合，事業部制の見直し等のケース，間接部門の合理化，人事方針の見直し等々のケースがみられた。そして，それらに対応して導入された人事施策としては，雇用管理の領域と賃金管理の領域に集中しており，能力主義，成果主義，業績主義を前提にした人事施策が中心になっていたといえる。

　21世紀初頭の日本の企業には，能力主義，成果主義，業績主義的色彩を強めつつある人事考課の傾向がみられ，その評価にもとづく人事制度が導入されてはいるが，現実の処遇管理においては属人的要件をも考慮した処遇が行われるケースも少なくない。とくに，昇進管理においては属人的要件としての学歴，勤続年数，年齢等に配慮をした管理もみられ，賃金管理面における昇給，賞与等においても属人的部分が反映した制度がみられる。

　人的資源管理の理念，方針とは異なる人事施策が行われているケースがあるのと同様に，たとえば能力主義管理を標榜し，それに対応した制度による評価と併存して，伝統的な属人的要件に配慮をした処遇が行われている状況は，能力主義等の人事施策へ移行する過渡期の管理なのか，あるいはモチベーション，

モラールに配慮しての管理なのかは検討すべきだといえる。しかし，属人的要件に配慮をした評価により処遇されていた労働者が，導入された出向，配置転換，早期退職優遇制度等の人事施策により，あるいは退職後に再就職をするにあたって評価される能力は，属人的要件を加味した評価ではない現実が，あらためて労働者の職業能力の評価，賃金決定をめぐる問題点として表面化しているといえる。

以上のような状況から個別企業の賃金管理活動においては，賃金水準の引下げ，年齢給廃止，定期昇給廃止，諸手当廃止，職種別賃金制度導入，成果主義賃金制度導入，退職金制度見直し等々への取り組みがあり，経済状態，経営環境を反映してか，日本企業における賃金制度は，成果主義，業績主義にもとづく制度への改革，年齢等の属人的要件を考慮した制度の見直し，あるいは廃止，定期昇給制度の廃止等々のケースを増加させつつある。

2-4. グローバリゼーションの進展と賃金

2-4-1. コンピテンシーと賃金

企業が生存するための基本的条件を確保するためには，競争力を強化するためのコンセプトを明確にしなければならないが，企業が競争力を強化するための中長期経営の条件として，(1) 日本型グローバル経営の構築——グローバル化した市場での優位の指向・グローバルな価値の吸収——，(2) 新状況対応ローカル経営の構築——今後の日本が直面する諸条件の再検討・真のモチベーション要因の把握——，(3) 統合システムの構築等々をふまえてのマネジメント・スタイルの転換を求められるという指摘があるが（現代経営技術研究所，2003，11頁），環境に対応した人事システムの再構築を推進する基盤として，個別企業は自社の競争力を強化するためのコンセプトの明確化と，そのための条件を整備しなければなるまい。

企業経営のみならず，政治経済，社会制度，学校教育制度，その他あらゆる制度，施策を根本から見直さねばならぬ背景（要因）となっているグローバリ

ゼーションの進展に対応して，個別企業は何をすべきか，組織を構成する構成員の核心的なモチベーション要因は何かを把握し，従来の人事政策，賃金制度等を環境に対応しうるシステムに再編成するというコンセプトを明確にしておく必要がある。

　日本の企業経営上において取り組まねばならぬ経営課題には，たとえば「従業員の能力構造改革・質的向上」「高コスト体質からの脱却」「成果主義賃金・評価制度の新規導入」等々があり，これらは多くの企業の経営課題であり，かつ人的資源管理上の課題としてとらえることができる。しかし，当然のことではあるが，個別企業により経営課題，人的資源管理上の課題は一様ではなく，また個別企業の経営方針，経営戦略等により異なり，課題として指摘される制度，施策はより具体的に精査しなければならないといえる。

　1990年代に入り，日本の企業には「継続的に高い業績を上げる人に特徴的に見られる，物事の考え方や仕事に対する姿勢，こだわり，行動特性」（相原孝夫，2002，50〜54頁）に着目して評価するコンピテンシー（Competency＝Competence）の考え方を基盤にして評価する成果主義人事の導入が行われるケースが増加している。成果主義は，担当職務の成果，業績にもとづき賃金を決定する制度であり，目標達成度を評価し，賞与に反映させるのが一般的であるが，基本給の一部に組み入れるケースもみられ，能力主義管理における賃金管理においても主張された「画一主義から個別化へ」「業績・能力による賃金決定」（日経連能力主義管理研究会，1970，1頁）をより積極的にすすめる考え方といえる。

　グローバリゼーションの進展に対応して，企業の戦略展開も，よりグローバル化を志向しつつあり，内部労働市場における労働者の人事異動，あるいは人材の採用活動もグローバル化しつつある。それらにともない労働者の処遇の決め手となる賃金も，コンピテンシー，成果にもとづく賃金管理へと変化しつつあるといえる。

2-4-2. コンピテンシー・成果と賃金

　日本の賃金制度は成果主義，業績主義にもとづく制度への改革，年齢等の属人的要件を考慮した制度の見直し，あるいは廃止，定期昇給制度の廃止等々への取り組みをすすめているが（前述），賃金制度に関しては，成果主義・業績主義にもとづく賃金支払形態として，年俸制を導入するケースも管理職を対象に定着しつつあり，今後ともに増加する傾向である。今後は対象者を一般職に拡げる傾向も一部にみられる。

　賃金決定に関しては，職能給にもとづく決定率が高いが，成果主義による賃金制度という観点から現状をみると，職務給，仕事給，業績給の比重を高めつつあり，報奨金（インセンティブ）制度，成果配分制度，ストックオプション制度等を導入するケースも高まりつつある。

　またわが国の賃金制度の特徴である定期昇給制度は，属人的要件である年功部分を評価しての昇給制度としての側面があり，しかも定期昇給と賃金曲線（昇給曲線）を上方に移動させる昇給（いわゆるベースアップ）とが合体して実施されてきたため，制度が経営圧迫要因となっていることから，従来から種々の議論がなされていたが，21世紀の初頭には制度廃止に取り組むケースも増加している。そして，属人給である年齢給，勤続給の廃止，住宅手当，家族手当の廃止等々と日本の賃金制度を構成している制度の廃止に取り組むケースが増加している。

　成果主義，業績主義にもとづく評価として，賞与，成果配分等があるが，「賞与における評価格差」は拡大する傾向にあり，一部にみられる「慣習的給与」「生活補給」的な賞与の性格は後退し，賞与は功績報償的性格を強めているといえる。さらに成果配分制度，決算賞与制度の導入もみられ，成果主義，業績主義にもとづく利益配分制度も拡大しつつある。

　定期昇給制度，属人的要件にもとづく手当等は日本固有の制度であるが，退職金制度に関しては日本の特徴として，周知のように退職一時金制度が普及しており，1980年代以降は退職一時金と退職年金との組み合わせによる制度が普

及する傾向にあった。しかし、確定拠出年金法の施行（2001年10月）、確定給付企業年金法の施行（2002年4月）等により、退職金制度の改革がすすめられている。

　成果主義、業績主義にもとづく退職金制度としてのポイント制退職金制度の導入、退職金先払い制度（賃金への繰入れ）等々の導入を予定しているケースも少なくないため、今後、退職金制度の改革は一層すすむものと思われる。以上は、いずれもグローバリゼーションの進展にともなう企業の対応であり、しかもその対応策としてのコンピテンシーの考え方、成果に見合った処遇を行う人事施策であるともいえよう。

2-4-3. 今後の賃金管理
① 賃金水準への対応

　賃金の絶対額の高さを示す賃金水準は、その分析の対象によって、国、産業、企業、職種、年齢等々のとらえ方があることは周知の通りである。

　ここで検討すべきは、日本の賃金水準が国際比較において高水準に達してしまい、産業の国際競争力が失われてしまった状況を改善すべきであるとの主張についてである。賃金水準を国際比較するにあたっては、個々の国の社会的、経済的状況、賃金構造等を考慮し、さらに賃金統計の差異、租税制度、社会保障制度等を考慮しての国家間の比較を行うことになるが、経営者団体は「わが国の賃金水準は世界トップクラスにある。長期景気低迷下、人件費圧力が高まるなかにあって、また国際競争の維持・強化の観点から、その適正化は喫緊の課題である」との問題意識をもっており（図表2－3賃金の国際比較）、各企業は、そのおかれた競争環境に応じ、「春季労使交渉で労組と十分に話し合って、賃金水準の適正化を図る一方で、中長期的には水準見直しと従業員の活性化を両立させるために、賃金制度自体の見直しを行うことが望まれる」としている。

　経営者団体の主張の根拠（図表2－3）にみられるように、日本の賃金水準は国際的に突出しており、賃金水準の適正化を図らねば、日本の産業の国際競

争力が失われるであろうことはいうまでもない。そこで，適正賃金水準への是正にあたって，経営者団体は「従業員の賃金を一律・同様に改定するのではなく，職種，職務，役割，成果，貢献度などの要素にもとづいて，それぞれの適正な水準を模索した制度構築が，企業の存続・発展と従業員の活性化に求められている」（以上，括弧内はすべて日本経営者団体連盟，2002，14頁）としている。

経営者団体の指摘を待つまでもなく，すでに企業によっては，従来の属人的要件に配慮した制度から，新たな制度へと転換しつつあるが，労働組合のなかには成果・貢献度にもとづいての報酬，あるいは「組織全体のモラール維持のために，特定個人を処遇上突出させる」ことには反対する考えがあり（連合総合生活開発研究所，1999，118～123頁），労使間の話し合いが期待される。

賃金水準は，それを把握する目的によって，名目賃金でとらえるか，あるいは実質賃金でとらえるか，または所定内賃金か諸手当を含めた賃金か，さらに

図表2-3 賃金の国際比較（製造業，2002年）

国名	時間当たり賃金額				月当たり賃金額			
	単位	賃金額	円換算	格差	単位	賃金額	円換算	格差
日本	円	1,951	1,951	100	円	319,083	319,083	100
ドイツ	DM	28.15	1,747	90				
アメリカ	$	14.38	1,550	79				
イギリス					£	1,440	251,824	79
フランス					フラン	9,352	209,738	66
韓国					W	1,442,900	130,803	41
シンガポール					S$	3,036	189,785	59
台湾					NT$	38,807	133,884	42
中国					元	649.50	8,937	3

資料：日本）厚生労働省「毎月勤労統計調査」「賃金構造基本統計調査」から日経連で推計
　　　台湾）行政院経済建設委員会「INDUSTRY OF FREE CHINA」
　　　その他）ILO「Bulletin of Labour Statistics」，「Yearbook of Labour Statistics 2000」
　　為替レート）IMF「International Financial Statistics」，内閣府「月刊海外経済データ」
　　注1：日本は，事業所規模5人以上の製造業生産労働者についての推計値
　　　2：フランスは97年4, 10月の単純平均
　　　3：イギリスは99年3, 6, 9月の週当たり賃金の平均を4倍したもの
　　　4：ドイツ，中国，韓国は99年平均
　　　5：各国賃金の円換算については各年の平均の為替レートを使用（例：2000年平均，1ドル=107.77円）
資料出所：『成果主義時代の賃金システムのあり方——多立型賃金体系に向けて——』
　　　　日本経営者団体連盟（現日本経済団体連合会），2002年5月，4頁。

は福利厚生費等を含む総額人件費でとらえるか等々と一様ではないが、日本の企業は経営環境の推移に対応しうる健全な経営活動を展開するうえでの適正な人件費管理（総額人件費管理）のあり方を追及しなければならぬ状況にあるといえる。

② 今後の賃金管理

1990年代以降の急速な経営環境の変化に対応して、個別企業が取り組まねばならぬ多くの課題が表面化したが、各企業はそれぞれの課題の解決に取り組んできた。具体的にはグローバリゼーション・技術革新の進展、雇用形態・就労形態の多様化、高齢社会に対応しての組織再編成、人事考課制度、賃金制度の見直し等の改革をすすめてきた（前述）。

労働に従事する者のモラール、モチベーションに直接的に影響を与える賃金に関しては多くの企業が制度の見直し、改革に取り組んでおり、すでにさまざまな対応事例がみられる。

たとえば、松下電器産業は、家族手当（扶養加給）の廃止、年功型賃金の廃止と職種別賃金制度を導入した。同社の制度は、グループ企業を含む国内約7万人の従業員を対象としており、営業、技術、事務、SE等の職種別に業務の成果を反映した賃金基準を設定する。製造部門の従業員は現行の賃金体系を維持する。またAV（音響・映像）機器、移動通信など14の事業部門別賃金制度を導入するが、同社は導入する職種別賃金を人件費の負担総額を変えずに職種ごとに優秀な人材を確保する仕組みとして位置づけている。

トヨタ自動車は、属人的要件にもとづく年齢給に関して、管理職、事務職、技術職がすでに実施している年齢給の廃止（1999年より）を技能職にも拡大する。同社の技能職は組合員約5万8千人の6割（4万人弱）を占めており、組合員の基準内賃金は平均約36万円であり、年齢給が約2割を占める。年齢給部分は、在籍年数に応じて毎年加算されるが、同社は技能職の年齢給を廃止することによって、職能基準給と職能個人給が拡充され、全社的にかつ全職種にわたって能力主義型賃金制度へ移行することになる。

三洋電機は、事業組織ごとに管理職を対象として、三洋の連結業種と各BU（Business Unit）の業績とをそれぞれ5割ずつ反映させる年俸制を導入する。また、能力・技能に応じて賃金格差を設ける職務給を新入社員の時点から導入し、自社株式を支給する退職金制度を導入する。

　日本電気は、社内カンパニー別の業績貢献度にもとづき、貢献度の高いカンパニーに傾斜配分する賞与支給制度を導入する。賞与総額に占める成績部分の割合は60％になる。

　三菱自動車は、すでに管理職を対象にして導入している成果主義にもとづく賃金制度（2002年）を一般社員（非管理職）に拡大するとともに、年齢給や経験給を廃止し、個人の業績評価を反映した成果主義型の役割貢献給制度を導入する。それとともに年齢、資格等級に対応して増額支給される定期昇給制度を廃止する。

　高島屋は、配偶者手当を廃止する（支給対象者の大半が男性社員である）。しかし、配偶者手当の対象から配偶者を除き、子供などの扶養家族1人に一律1000円を支給する生活手当を設け、成果主義賃金管理を徹底させる。

　1997年に管理職の年齢給を廃止した東海ゴム工業は「個人の成果評価が難しいうえ、管理職の士気を高めるためにも年功要素が必要」と判断して、管理職を対象にして「年齢習熟給」を復活させている。

　以上の各社の取り組みは、いずれもが従来の日本の賃金制度を経営環境に対応して改革するための取り組みといえるが、企業は競争力を維持するという観点から、あるいはモチベーションの観点から人件費管理には、従来以上に関心をもち取り組むものと思われる。

　その方向は、成果主義思想にもとづく個別管理の徹底であり、主として男性従業員が対象となっていた配偶者手当等の廃止、成果・業績にもとづく賞与、賃金後払い思想にもとづく退職一時金制度の見直し等々に取り組むことになると思われる。能力主義管理、成果主義管理のいずれにおいても評価の重要性は変わらぬ側面であるが、人事思想に対応しての人事考課制度の整備、考課者教

育の徹底，考課結果の公開（フィードバック）は，当然のこととして取り組まねばならぬ課題である。そして，人的資源管理の対象者である労働者には，内外労働市場において評価に耐えうる自己の職業能力，エンプロイアビリティ（employability 就業能力）を維持，向上する努力が求められているといえる。

【梶原　豊】

(付記)

　本章は，梶原豊（1995）「変革期における企業経営と給与システム」『経理情報』中央経済社，No. 752，5月1日・10日合併号，梶原豊（2002）「リストラクチャリングと人事考課」『アジア研究』（高千穂大学）No. 3，梶原豊（2003）「日本企業の人事政策と賃金管理の動向」『アジア研究』No. 4 をもとにして執筆した。

注
1）吉村司郎，1957，230頁。※賃金体系の構成は，労働省（現厚生労働省）が1948年来実施している給与構成調査の賃金体系を算定基礎基準にして分類されている。
2）生産性基準原理は「国全体の平均賃金上昇率を国民経済の実質生産性上昇率の範囲内にする場合，ホームメイド・インフレ率はほぼゼロに近づく」という考えである。言いかえれば，購買力（需要）の増加である賃上げと供給の増加である実質生産性上昇率とを等しくすることによって，国民経済全体として物価上昇率をゼロに収め，名目賃金がそのまま実質賃金となることをめざすものである（この点は日経連調査部編，1982，36頁を参照のこと）。

参考文献
相原孝夫（2002）『コンピテンシー活用の実際』日本経済新聞社。
尾崎盛光（1961）『サラリーマン百年――〝宮仕え〟の現代史――』日本経済新聞社。
小山田英一・服部治・梶原豊（1997）『経営人材形成史――1945～1995年の展開分析――』中央経済社。
梶原豊・大矢息生・服部浩編（2001）『情報社会の人と労働』学文社。
梶原豊（2002）『人的資源管理論』同友舘。
関東経営者協会人事・賃金委員会編（1993）『人事革新の具体策』日本経営者団体連盟（現日本経済団体連合会）。
楠田丘（1975）『職能資格制度』産業労働調査所（現産労総合研究所）。
現代経営技術研究所（2003）『2003年・環境ダウントレンドへの挑戦――変化の中のベスト・

プラクティス——』現代経営技術研究所・第32回総合研究会資料。
日経連弘報部編（1960）『資格制度の考え方と実際』日本経営者団体連盟。
日経連出版部編（2001）『成果主義制度事例集』日本経済団体連合会。
日経連調査部編（1982）『目でみる労働経済』日本経営者団体連盟。
日経連能力主義管理研究会（1969）『能力主義管理——その理論と実践』日本経営者団体連盟。
日本経営者団体連盟（1995）『新時代の「日本的経営」——挑戦すべき方向とその具体策——』日本経営者団体連盟。
日本経営者団体連盟・日本産業訓練協会（2001）『第2回産業訓練実態調査（2000年度）』日本産業訓練協会。
日本経営者団体連盟（2002）『成果主義時代の賃金システムのあり方——多立型賃金体系に向けて——』
日本経済団体連合会・経営労務政策委員会報告書（2004年度）（2003）『高付加価値経営と多様性人材立国への道——いまこそ求められる経営者の高い志と使命感——』日本経済団体連合会。
日本生産性本部賃金制度専門委員会編（1980）『賃金人事・制度の新展開と改編策——各社事例にみる中高齢化時代への対応』日本生産性本部（現社会経済生産性本部）。
福岡直生（2002）『人を活かす．／現場からの経営労務史』日本経済団体連合会。
㈶連合総合生活開発研究所（1999）『労働組合の賃金決定政策及び賃金体系政策の新たな雇用に関する調査研究報告書』
安井英夫（1973）「三菱電機の専門職制度」高山透編『専門職制度の考え方と実際』日本経営者団体連盟。
吉村司郎「賃金体系」（1957）労務管理研究会編『最新労務管理総覧』労務管理研究会。
Ouchi, W. G. (1981) *Theory Z: How American Business Can meet the Japanese Challenge,* Addison Weesley Publishing Co. Inc. 徳山二郎監訳（1981）『セオリーZ——日本に学び日本を越える——』CBSソニー出版。

3 企業内教育戦略の変化と教育訓練投資

はじめに——戦略性と効率性を意識した「ヒト」への投資

　情報技術の急速な進展や市場リスクの増大など経営環境の変化への対応策として，企業は「企業が負担している経営リスクの一部」を従業員に負担してもらうという戦略を打ち出している。

　こうした戦略をとればおのずと短期的な成果にリンクした変動的賃金の要素（会社，部門，個人の業績と賃金のリンクの密接化）を強めることになり，賞与・一時金の「賃金の変動費化」機能，つまり業績給としての機能が期待される。賞与・一時金は，第1に，成果配分・利益配分としての性格により経営業績に合わせた賃金総額を決定する機能をもち，第2に，個人の貢献に対する短期的な報酬という性格により，業績に合わせて賃金の個人別配分ができ，経営の成果や個人の業績に合わせて賃金を弾力的に決めることを可能とする。

　能力開発は技術の投資である研究開発投資，設備に対する投資である設備投資と同じように，それが投資活動であるために，また市場環境の変化のなかで，確実にリスクが大きくなってきている。こうした課題を解決するために，企業は人材育成の戦略を大きく変えようとしている。その人材育成戦略の変化は，従来の平等主義的な教育投資から，教育投資の効果や成果を厳しく問う方針に転換しつつある。

　本章では，第1に，日本企業が「どのような教育訓練方針（政策）をとっているのか」，第2に，こうした政策のもとで，「どの程度の教育訓練投資をしているのか」，そこにはどのような特徴がみられるのか，第3に，「どの分野にどの程度の資源を投資しているのか」（教育資源の配分），第4に，「配分された訓

練分野でどのような変化が起きているのか」，の4点を明らかにしたい。

3-1. 変わる教育訓練政策

3-1-1. 教育訓練政策のとらえ方

　企業が行う教育訓練の目的は，「企業が求める能力と従業員が持っている能力の乖離を埋める」ことであり，この乖離（人材（能力）ギャップ）を教育訓練ニーズと呼んでいる。そして，このニーズを埋めるにあたって，企業は「どのような仕事（職種）にどのようなニーズがあるのか」と「どのような人事管理や教育訓練方針（政策）をとっているのか」の二つの点を考慮して方策を立てる。

　ニーズを埋めるに際して，重要な教育訓練政策は，第1に誰を教育するのかという「教育訓練対象者」の方針，第2に誰が能力開発の責任をもつのかという「能力開発責任主体」の方針，第3に従業員の教育訓練を誰が主体となって行うかという「教育訓練主体」の方針，そして，第4にこうした教育訓練をどのように実施するかという「教育訓練の実施方法」の方針，の四つの方針から構成される。

3-1-2. 教育訓練の対象は「底上げ教育」（全員一律）か「選抜教育」か

　筆者も参加した厚生労働省職業能力開発局（2002）『能力開発基本調査報告書：平成13年度版』（日本労働研究機構受託調査）（以下，『能開調査（平成13年度版）』と呼ぶ)[1]によれば，「誰を教育するか」の方針については，企業はこれまで「底上げ教育」を重視し，今後も引き続き「底上げ教育」を重視していこうと考えている。しかし，この傾向は，規模ごとに大きく異なり，従業員300人以上の企業になるほど（そのなかでも，1000人以上の企業になるほど），これまで重視してきた「底上げ教育」から，今後は「選抜教育」を重視していこうと考えている企業が多くなっているのである。図表3－1から明らかなように「これまで」と「今後」を比べると，1000名以上の企業では，教育訓練の基本方針は「底上げ教育」を重視する企業が減り，それに代わって「選抜教育」を重視す

3 企業内教育戦略の変化と教育訓練投資 67

る企業が増え，その割合は6割近くに達している。

その背景には，以下のような求められる人材の変化があげられる。従来の組織目標は品質・コスト・納期の確保にあり，これらを安定的に実現するために全員に平等的に人材育成を行うことが不可欠であった。しかしながら，経営環境が激変したことで，多様化した消費者ニーズに的確に応えたり，顧客に対して，問題解決型の提案を行うことができるような人材，とくに，自ら問題発見・問題解決のできる人材の育成が大企業の人材育成の最も重要な課題となってきているからである。

と同時に，右肩上がりの成長が見込めなくなるなかで，教育訓練費に対する見方が厳しくなり，必要な人材を早期に育成するために，投資価値の高い人材に重点的に教育投資していこうということになってきたのであろう。

図表3－1 教育訓練の方針（これまで vs. 今後）

	総数	これまで					今後				
		選抜教育を重視する	選抜教育を重視するに近い	社員全体の底上げをする教育を重視するに近い	社員全体の底上げをする教育を重視する	無回答	選抜教育を重視する	選抜教育を重視するに近い	社員全体の底上げをする教育を重視するに近い	社員全体の底上げをする教育を重視する	無回答
全 体	2176	9.8	29.3	38.6	18.0	4.3	7.9	26.2	40.1	22.4	3.4
【正社員規模別】											
30人未満	205	8.3	27.3	35.6	21.0	7.8	5.4	24.4	37.6	26.8	5.9
30〜49人	647	9.3	28.0	38.3	19.5	4.9	7.6	21.0	40.6	27.0	3.7
50〜99人	633	11.4	31.3	36.3	18.5	2.5	7.9	25.8	40.0	24.5	1.9
100〜299人	465	10.1	32.7	37.8	14.4	4.9	8.2	30.1	40.6	16.8	4.3
300人以上	153	5.9	19.0	53.6	20.9	0.7	8.5	38.6	39.9	12.4	0.7
(300人以上内訳)											
300〜499人	73	8.2	21.9	50.7	19.2	0.0	8.2	34.2	39.7	17.8	0.0
500〜999人	45	4.4	20.0	57.8	17.8	0.0	8.9	35.6	48.9	6.7	0.0
1000人以上	35	2.9	11.4	54.3	28.6	2.9	8.6	51.4	28.6	8.6	2.9

資料出所：厚生労働省（2002）「能力開発基本調査：平成13年度版」（日本労働研究機構受託調査）

3-1-3. 能力開発の責任主体は「企業」か「従業員個人」か

第2の能力開発の責任主体については，これまでの多くの日本企業は「底上げ教育」を重視したため，能力開発は「企業の責任」としていた（図表3-2）。したがって，今後についても，6割強の企業が「底上げ教育」を重視すると考えており，それに対応する形で，今後も「企業の責任」としている企業が7割近くにも達している。しかし，300人以上の企業になると（そのなかでも，1000人以上の企業），今後は「底上げ教育」から，「選抜教育」を重視していこうと考えている企業が多くなるため，能力開発の責任主体についても，「企業の責任」から「従業員個人の責任」へ，つまり教育の自己責任化をすすめようとしている。

多くの従業員を抱えている大企業にとっては，人材育成の効率性を高め，人材投資を企業の成長に結びつけることがこれまでになく問われるようになって

図表3-2　教育訓練実施方法（これまで vs 今後）

	総数	これまで					今後				
		教育訓練の外部委託・アウトソーシングを進める	教育訓練の外部委託・アウトソーシングを進めるに近い	教育訓練は社内で実施するに近い	教育訓練は社内で実施する	無回答	教育訓練の外部委託・アウトソーシングを進める	教育訓練の外部委託・アウトソーシングを進めるに近い	教育訓練は社内で実施するに近い	教育訓練は社内で実施する	無回答
全体	2176	16.7	31.7	29.1	17.1	5.5	14.0	37.6	29.2	14.4	4.7
【正社員規模別】											
30人未満	205	21.0	25.9	20.5	21.0	11.7	18.0	29.8	21.0	20.5	10.7
30〜49人	647	20.1	27.4	25.2	20.6	6.8	17.9	33.4	26.0	17.5	5.3
50〜99人	633	15.3	36.0	29.9	15.5	3.3	13.0	39.8	31.0	13.1	3.2
100〜299人	465	13.5	37.4	33.8	11.4	3.9	10.1	42.6	35.5	8.4	3.4
300人以上	153	12.4	25.5	38.6	20.9	2.6	9.2	40.5	31.4	16.3	2.6
（300人以上内訳）											
300〜499人	73	17.8	28.8	35.6	16.4	1.4	12.3	45.2	23.3	16.4	2.7
500〜999人	45	11.1	22.2	37.8	26.7	2.2	8.9	28.9	42.2	20.0	0.0
1000人以上	35	2.9	22.9	45.7	22.9	5.7	2.9	45.7	34.3	11.4	5.7

資料出所：図表3-1と同じ

きており,「教育投資の効率性」の観点から,教育訓練に自ら意欲をもって取り組む個人(従業員)にその資源を集中しようとしているのである。そのことは,今後の企業と従業員との間の教育訓練費用の分担をどうするのかという新しい課題の検討を迫ることにもなる。

3-1-4. 教育訓練の主体は「本社主導」か「事業部・事業所主導」か

第3の「教育訓練主体」について,これまで企業は事業部・事業所主導の教育に比べ,本社主導の教育を重視しており,その割合はおよそ5社に3社であった(図表3-3)。しかし,今後についてみると,本社主導型の教育を重視する企業がやや多いものの,「これまで」と比べると61.9%(重視する+やや重視するの合計)から50.5%(同)へと約10ポイント減少している。それに対して,事業部・事業所主導の教育を重視する企業は31.1%(同)から43.3%(同)へ,約10

図表3-3 能力開発責任主体(これまで vs 今後)

		これまで					今 後				
	総数	教育訓練を行うのは、企業の責任である	教育訓練に責任を持つのは、企業の責任であるに近い	教育訓練に責任を持つのは、従業員個人であるに近い	教育訓練に責任を持つのは、従業員個人である	無回答	教育訓練を行うのは、企業の責任である	教育訓練に責任を持つのは、企業の責任であるに近い	教育訓練に責任を持つのは、従業員個人であるに近い	教育訓練に責任を持つのは、従業員個人である	無回答
全 体	2176	27.5	48.1	16.2	3.9	4.3	27.7	41.7	20.9	5.7	4.0
【正社員規模別】											
30人未満	205	31.7	39.5	11.2	8.3	9.3	27.3	36.1	18.5	9.3	8.8
30〜49人	647	25.8	45.7	18.7	4.8	4.9	27.0	42.0	20.2	6.2	4.5
50〜99人	633	29.9	49.3	14.2	3.6	3.0	31.1	43.3	18.0	4.3	3.3
100〜299人	465	26.5	51.8	16.3	2.2	3.2	27.5	44.7	20.2	4.9	2.6
300人以上	153	25.5	52.9	19.6	0.7	1.3	20.9	31.4	41.8	4.6	1.3
(300人以上内訳)											
300〜499人	73	26.0	56.2	16.4	0.0	1.4	20.5	32.9	43.8	1.4	1.4
500〜999人	45	24.4	51.1	22.2	2.2	0.0	24.4	31.1	35.6	8.9	0.0
1000人以上	35	25.7	48.6	22.9	0.0	2.9	17.1	28.6	45.7	5.7	2.9

資料出所:図表3-1と同じ

ポイント増加しており，変化が激しい時代にあって現場ニーズに対応できる教育体制に変更しようとしている。とくに，こうした傾向は，従業員300人以上の企業（そのなかでも，1000名以上の企業）で顕著にみられる。限られた教育訓練費用のなかで効率的な教育訓練を迅速にすすめるために，事業所・事業所主導の教育を指向しようとしている。

3-1-5. 教育訓練の実施方法は「社内」か「外部委託」か

最後の「研修の実施方法」については，これまでは教育訓練を「社内で実施」する企業と教育訓練の「外部委託・アウトソーシング化を進める」企業は1対1で均衡していた。また，今後についてもその傾向は変わらない（図表3－4）。しかし，従業員1000名以上の企業についてみると，今後についても「社内で実施」と「外部委託・アウトソーシング化を進める」がほぼ1対1であるが，

図表3－4　教育訓練主導主体（これまで vs 今後）

	総数	これまで					今後				
		本社主導の教育を重視する	本社主導の教育を重視するに近い	教育訓練の権限責任を事業部、ライン部門に移管するに近い	教育訓練の権限責任を事業部、ライン部門に移管する	無回答	本社主導の教育を重視する	本社主導の教育を重視するに近い	教育訓練の権限責任を事業部、ライン部門に移管するに近い	教育訓練の権限責任を事業部、ライン部門に移管する	無回答
全　　体	2176	28.0	33.9	22.9	8.2	7.0	22.1	28.4	33.3	10.0	6.3
【正社員規模別】											
30人未満	205	31.7	29.3	14.1	10.2	14.6	23.9	26.3	22.4	12.7	14.6
30～49人	647	28.4	32.0	20.9	9.3	9.4	23.8	25.8	30.6	11.4	8.3
50～99人	633	28.8	31.9	25.1	9.0	5.2	23.1	27.3	34.6	10.6	4.4
100～299人	465	25.8	38.9	26.0	4.9	4.3	19.6	31.0	38.9	6.7	3.9
300人以上	153	28.8	41.2	24.2	5.2	0.7	16.3	38.6	37.9	6.5	0.7
(300人以上内訳)											
300～499人	73	35.6	37.0	19.2	8.2	0.0	20.5	41.1	30.1	8.2	0.0
500～999人	45	24.4	40.0	31.1	4.4	0.0	13.3	37.8	44.4	4.4	0.0
1000人以上	35	20.0	51.4	25.7	0.0	2.9	11.4	34.3	45.7	5.7	2.9

資料出所：図表3－1と同じ

「社内で実施」するの回答率は「これまで」の68.6％（重視する＋やや重視するの合計）から「今後」の45.7％（同）へと約20ポイントも減少する。その一方で，研修の「外部委託・アウトソーシング化を進める」企業は25.8％（同）から48.6％（同）へと約20ポイントも増加している。大企業は教育訓練の費用対効果を考えて研修の外部委託・アウトソーシング化へのシフトをすすめている。

3-2. 教育訓練投資行動の概況[2]

3-2-1. 教育訓練投資の構成と規模

① 教育訓練投資の構成

ここで教育訓練投資の構成を整理した図表3－5をみてほしい。教育訓練投資はOFF-JTのための費用とOJTのための費用からなり，前者は訓練に直接必

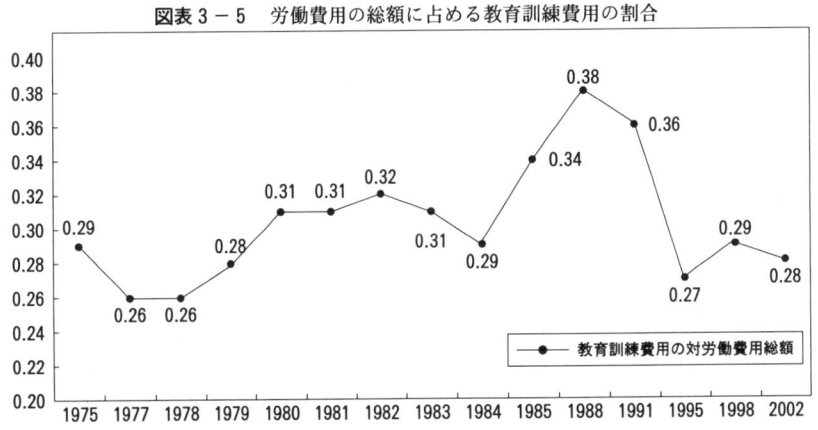

図表3－5　労働費用の総額に占める教育訓練費用の割合

（グラフデータ：教育訓練費用の対労働費用総額）
- 1975: 0.29
- 1977: 0.26
- 1978: 0.26
- 1979: 0.28
- 1980: 0.31
- 1981: 0.31
- 1982: 0.32
- 1983: 0.31
- 1984: 0.29
- 1985: 0.34
- 1988: 0.38
- 1991: 0.36
- 1995: 0.27
- 1998: 0.29
- 2002: 0.28

注1：「労働費用」とは，使用者が労働者を雇用することによって生ずる一切の費用をいい，現金給与のほか退職金等の費用，法定福利費，法定外福利費，教育訓練費，募集費，その他の労働費用（作業服の費用，転勤に関する費用，社内報に関する費用，現物給与の費用など）が含まれる。

注2：「教育訓練費用」とは，労働者の教育訓練施設（一般教養を高める目的で設置された学校は含めない）に関する費用，指導員に対する手当，謝礼，委託訓練に関する費用などの合計額をいう。

注3：「教育訓練費用の対労働費用総額」は常用労働者1人当たり1カ月の教育訓練÷総労働費用×100で算出している。

資料出所：労働大臣官房政策調査部産業労働調査課「賃金労働時間制度等総合調査報告」及び厚生労働省大臣官房統計情報部賃金福祉課「就労条件総合調査報告」から作成

要とされる「直接費用」と訓練に参加する労働者が訓練期間中に仕事からはずれることから生じる「機会費用」によって構成される。さらに「直接費用」は教育訓練部門の社員の人件費と、訓練施設の運営費、外部講師への謝金、教材費などからなる「その他の費用」からなり、ここでは「その他の費用」を「狭義の直接費用」と呼ぶことにする。またOJTのための費用は、教える側の社員と教えられる側の社員が訓練のために仕事ができないことから生じる機会費用から構成される。以下では、こうした構成を念頭において、OFF-JTを中心に教育訓練投資について検討していきたい。

② 教育訓練投資の規模：教育訓練の直接費用

長期間にわたり時系列に教育訓練投資の手がかりが得られる、唯一ともいえる統計調査は厚生労働省の『就労条件総合調査』(以下『厚生労働省調査』と呼ぶ)である。『厚生労働省調査』は企業の労働費用を調べているが、そのなかで「教育訓練施設に関する費用、指導員に対する手当て、謝礼、委託訓練に要する費用などの合計」と定義して教育訓練費を継続的に調査している[3]。ここで、もう一度図表3－5をみてほしい。「教育訓練担当者の人件費」は現金給与として他の項目にすでに含まれているので、この教育訓練費はOFF-JTのための「狭義の直接費用」に当たると考えられる。

まず教育訓練投資の規模が問題になるので、ここでは、それを示す指標として労働費用に占める教育訓練費用の割合（これを「教育訓練投資比率」と呼ぶことにする）を用いることにする。図表3－6から明らかなように、これまで教育訓練投資の規模は、投資が異常に膨張しているバブル経済期（88年と91年）を除くと、労働費用の0.3％前後というのが長期的な相場であり、また、企業は90年代に入り、0.27％にまで減少し、70年代後半の水準にまで戻っており、バブル経済期に膨張した教育訓練投資を強力に調整している。なお後述するように（図表3－8を参照）、教育訓練担当者のための「社内人件費」が「OFF-JTのための費用」の約10分の1を占めるので、これを勘案すると、上記の教育訓練投資比率に0.05％程度加えた水準がOFF-JTに対する総投資額になろう。

図表3-6 教育訓練投資の構成

```
                    ┌─ Off-JTのための費用 ─┬─ 直 接 費 用 ─┬─ 教育訓練担当者の人件費
教育訓練投資 ─┤                          └─ 機 会 費 用   └─ その他（設備，教材費等）
                    │                                              の費用（狭義の直接費用）
                    └─ OJTのための費用 ─┬─ 教える側の機会費用
                                          └─ 教わる側の機会費用
```

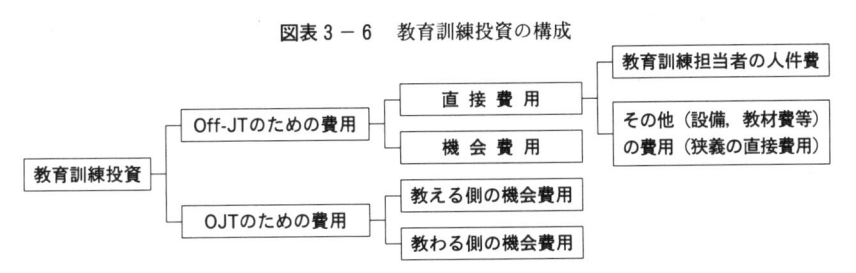

資料出所：今野・大木（2000）「日本企業の教育訓練投資戦略」産労総合研究所編『企業と人材』6月5日号

③ 教育訓練投資の規模：教育訓練の総費用

『厚生労働省調査』で明らかにできるのはここまでであり，OFF-JTに限定したとしても，教育訓練投資を明らかにするうえで残された課題は多い[4]。そこで，以下では筆者も参加した日本労働研究機構（2000）『業績主義時代の人事管理と教育訓練投資に関する調査研究報告書』（以後，『人労研調査』と呼ぶ[5]）のデータを再集計した大木の論稿（2003a）から，本社人事部門が管理する正社員1人当たりの教育訓練（OFF-JT）投資額を紹介しよう。

まずOFF-JTに要する費用が直接費用と機会費用から構成され，『厚生労働省調査』の扱う費用が直接費用にとどまることから，教育訓練投資の全貌を知るには機会費用を把握する必要がある。『人労研調査』では，直接費用とともに教育訓練の機会費用をOFF-JT受講期間中の従業員の給与額でとらえており，それを含めた教育訓練費の構成は図表3-7のようになる。まず1998年度の正

図表3-7 教育訓練（OFF-JT）の直接費用と機会費用

（正社員1人当たりの年間費用の平均値）

費用項目	費用額と構成
総 費 用	8.83万円（100.0%）
直 接 費 用	3.52万円（ 39.9%）
機 会 費 用	5.31万円（ 60.1%）
OFF-JT受講日数	2.22日
平 均 年 収	571.10万

注1：受講日数，平均年収，OFF-JTの直接費用のすべてについて有効に回答した企業403社について集計した結果である。
注2：機会費用は以下の算式で計算した。
　機会費用＝（平均年収／年間労働日（240日））×（OFF-JTの受講日数）。なお，まるめによる誤差が若干生じている。また，年間労働日は厚生労働省『毎月勤労統計調査』の「出勤日数」である。
注3：データの出所は日本労働研究機構（2000）『業績主義時代の人事管理と教育訓練投資に関する調査』
資料出所：大木（2003）「業績主義と教育訓練投資」今野浩一郎編『個と組織の成果主義』中央経済社より。

社員1人当たりのOFF-JTの平均受講日数は2.22日，平均年収は571.1万円であるので機会費用は5.31万円となる。これに正社員1人当たりの直接費用3.52万円を加えると，OFF-JTのための年間の教育訓練費用総額は8.83万円になり，それに占める直接費用の比率は約4割，機会費用のそれは6割ということになる。

3-2-2. 教育訓練資源の配分戦略

① 費用構成と教育資源の配分

教育訓練戦略を明らかにするうえで重要なもう一つの点は，教育訓練投資によって「どの分野にどの程度資源を配分するのか」（配分戦略）の観点であり，その特徴は教育訓練投資の費用構成に反映される。『能開調査（平成13年度版）』を利用し，この点を検討してみよう。なお，『能開調査（平成13年度版）』のデータは，『人労研調査』に比べ，回答企業の従業員規模に偏りがなく，回答数も

図表3－8　教育訓練（OFF-JT）費用の項目別構成

（回答企業数　1413社）

費　用　項　目	構成比（%）
(1)社外に支払う人件費 （社外の講師，指導員の謝金等）	16.7
(2)研修委託費，参加費等 （教育訓練を外部機関に委託した場合の費用，各種社外セミナーの参加費，国内外留学のための費用）	52.8
(3)教材費 （教育訓練に使用する教科書代・教材費，教科書・教材の開発費等）	9.1
(4)外部施設使用料 （教育訓練を行うための施設・設備の借上金，共同施設の管理費・利用費等）	3.9
(5)社内人件費 （社内の研修施設および能力開発部門の職員，の給与・手当等）	13.6
(6)社内の施設設備・管理費 （建物の減価償却費，光熱費，賃貸料，委託費，保険料，租税公課，補修費，保健衛生費，給食施設費，備品費等）	2.1
(7)その他	1.8
(8)合　計	100.0

資料出所：図表3－1と同じ

多いが，OFF-JTの機会費用については調べていないので，以下では，直接費用のみを使用する。

図表3－8をみると，「研修委託費・参加費」（52.8%）が半数を超え，残りの主要な費用項目は「社外に支払う人件費」（16.7%），「社内人件費」（13.6%），「教材費」（9.1%）である。また，「外部施設使用料」および「社内の施設設備・管理費」の費用は少ない[6]。

② 社内外別資源配分戦略

教育資源の配分戦略については，さらに，二つの面から特徴を指摘することができる。第1は，「社外教育訓練機関が企画・実施する教育訓練に，どの程度の費用を配分するのか」という社内外別資源配分戦略の観点である。教育訓練には社内で企画し実施する社内主導型訓練と企画から実施まで社外機関を活用する外部教育訓練機関活用型の二つのタイプがあり，後者に対応する費用が「研修委託費・参加費」（47.2%），前者がそれ以外の費用（52.8%）に当たるので，企業はほぼ社内主導型研修に1，外部教育訓練機関活用型研修に1の割合で教育訓練費を配分していることになる。

③ 訓練分野別資源配分戦略

第2の「どの教育訓練分野にどの程度の費用を配分するのか」という教育訓練分野別配分戦略の面からみると，企業は教育訓練費用の約4割近くを語学やOA研修など特定の経営課題に対応して行われる目的別・課題別研修に，3割強を専門的分野の能力・知識を教育する職能別研修に，3割弱を組織人としての基礎的な知識・態度を教育する新入社員教育や管理のための基礎的な知識・スキルを養成する管理者研修などの階層別研修に投入している。また国内外の大学等への留学に配分される費用は少なく，0.2%にとどまる（図表3－9を参照）。

目的別・課題別研修と職能別研修を従業員の能力と仕事の間のギャップを埋めるための短期的な視点から行われる研修とすれば，階層別研修は，やや中期的な視点から行われる研修となり，さらに，国内外の大学等への留学は，将来

の備えのために長期的な視点から行われる研修と考えられる。したがって，企業は，短期的な視点で行われる研修に約7割，中・長期的な研修に約3割の資源を配分していることになる。

さらに，今後の訓練分野別配分戦略についてみると，配分割合が高い目的別・課題別研修および職能別研修に多くの費用を配分していこうとすることが窺える。

図表3－9　教育訓練（OFF-JT）の訓練分野別の費用構成と今後の方針

訓　練　分　野	現在の構成比 （%）（1413社）	今　後　の　方　針	
		有効数（社）	重視ニーズ指数
(1)階層別研修 （新任課長研修，新入社員研修など）	26.8	959	232.1
(2)職能別研修 （経理，マーケティング，生産管理など）	32.8	972	240.2
(3)目的・課題別研修 （語学研修，コンピュータ研修，公的資格等取得研修等）	38.4	971	239.2
(4)国内外の大学等への留学	0.2	320	127.5
(5)その他 （中高年の能力開発など）	1.8	－	－
合　　　計	100.0		

注：重視ニーズ指数＝「より重視する」×3＋「現在維持」×2＋「重視せず」×1
資料出所：図表3－1と同じ

3-3. 戦略化・自己責任化を強める人材育成

3-3-1. 見直しが進む階層別研修

筆者も参加した職業能力開発総合大学校能力開発研究センター『企業内教育訓練の再編と研修技法[7]』（「調査研究報告書」No.114, 2002）によれば，企業は支払い能力（教育予算の制約）が厳しくなるなかで，階層別研修で大きな見直しをすすめている。その見直しのポイントは二つある。一つは受講対象者の変更であり，全員が一律に受講するのではなく，選抜された者が受講するようになったことである。4割の企業が階層別研修に選抜者対象のコースを導入している[8]。もう一つは社員に自分のキャリアを考えさせる要素が入るようになっ

た点である。23.3％の企業が「社員が自らのキャリアを考える方針で研修コース全体を再編」し，17.5％の企業はキャリアを考えるコースを新設し，24.3％は既存のコースにキャリアを考える内容を追加している（図表3－10を参照）。

図表3－10 最近3年間における階層別研修の見直し状況と再編内容

（単位：％）

	見直し状況		再編内容（複数回答）									
	総数	見直し(％)	総数	コースを減らした	コースを増やした	全体を再編した従業員が自分の方針でキャリアを考慮する	考慮するコースを新設した従業員が自分のキャリアを	する内容を付加既存コース内容に従業員のキャリアを考慮	関連会社・子会社の従業員も対象とした	た者が受講する方式にした一部のコースでは選抜され	の反映割合を高めた研修成果の人事考課へ	その他	無回答
全体	244	84.4	206	25.2	30.1	23.3	17.5	24.3	10.2	40.8	8.3	15.5	0.0
【正社員規模別】													
1000名未満	55	72.7	40	32.5	22.5	22.5	15.0	12.5	2.5	35.0	12.5	20.0	0.0
1000〜3000名未満	135	84.4	114	23.7	35.1	25.4	14.9	24.6	10.5	43.0	7.9	16.7	0.0
3000名以上	50	96.0	48	25.0	25.0	16.7	25.0	33.3	14.6	41.7	6.3	8.3	0.0

注1：見直し＝「大幅に見直した」＋「ある程度見直した」＋「少し見直した」
注2：再編内容は見直しを実施した企業
資料出所：職業能力開発総合大学校能力開発研究センター（2003）『企業内教育訓練の再編と研修技法』

　これらの見直しは企業が教育訓練費を人材への投資と考え，投資に対する効果を明確にしようとしていることのあらわれである。これまで企業は「社員を教育しておけばなんとかなる」と，教育訓練費という投資への効果を明確にしてこなかった。とくに，階層別研修では，中期的視点で行われることや効果測定が難しいという特性もあり，効果の把握に熱心とはいえなかった。そのため，これまでの階層別研修は「課長に昇進すれば全員受講」と，対象者が多いにもかかわらず，その目的や内容は明確でなかった。
　ところが現在では課長（相当）にも10人の部下をもつ人もいれば，部下なしのプレーイングマネジャーもいるというように対象者が多様化している。「同じ課長（相当）であるからといって全員同一内容の研修で意味はあるのか」と問われると，説明がつかなくなってきた。中期的視点をもつ階層別研修の効果

測定は難しいことから，研修の結果という「出口」でなく，研修の対象者という「入口」で選別することで，教育訓練投資の効果を明確にしようとしている。

くわえて，これまで管理職はプロジェクトを効率的かつ確実に達成することが求められてきたが，これからは，将来の事業を生み出すために，いま着手すべき技術開発，製品開発課題を戦略的に提案できる能力が求められている。つまり，事業化チャンスを見極めて組織をリードしていくような人材である。今後は，こうした能力を備えた管理職を育成するためには，キャリアの早い段階から素質のある人材にチャレンジの機会を与え，成長を支援していくような仕組みの一つとして階層別研修が利用されている。

3-3-2. 個別化・多様化に対応した人材育成
① 選択型研修の導入

高齢化の進展，人事制度の多元化によって，「どのような仕事ができるのか」が重要な評価指標になってくるし，従業員個々人の得意分野のなかで，キャリアを伸ばしていくようになる。従業員のキャリアが多元化し，それもこれまでと異なり多くの従業員が専門家として第一戦の専門的業務で65歳まで働き続けることになり，これからは各専門分野のなかで職業・仕事の多様な変化を経験することになる。そのため，従来の階層別研修に代表される職能資格や対象層ごとに一律のカリキュラムを課す研修から，テーマやスキルごとに受講するべきカリキュラムを企業が提示し，従業員が選択するという選択型の研修へ移行してきている。

筆者も参加した厚生労働省『能力開発基本調査（平成14年度版）[9]』（日本労働研究機構受託調査，2003）（以下，『能開調査（平成14年度版）』と呼ぶ）によれば，従業員が自ら研修コース等を選択して受けられる研修（選択型研修）を「導入している」企業は38.4％，「導入を検討中」の企業は25.8％であり，導入と検討を合わせると64.2％になり，とくに，大手企業になるほど，導入あるいは検討している企業が多くなっている（図表3-11を参照）。

図表 3-11 従業員が選択して受けられる研修の導入状況

(単位：%)

	総　数	提供している	提供を検討中である	提供していない，検討もしていない	無回答
全　体	2063	38.4	25.8	34.3	1.6
【正社員規模別】					
30人未満	160	35.0	26.9	36.9	1.3
30～49人	605	33.2	26.0	38.7	2.1
50～99人	581	41.0	24.4	33.4	1.2
100～299人	510	38.8	26.9	32.9	1.4
300人以上	164	52.4	23.2	24.4	0.0

資料出所：厚生労働省職業能力開発局（2003）『能力開発基本調査：平成14年度版』（日本労働研究機構受託）

くわえて，研修内容は第一線の専門家であるがゆえに多様なメニューを用意せざるをえない状況にある。とくに技術系人材については，単に専門性の深化にとどまらず，激変する境界技術や異分野技術への関心と適応力をもつ，幅の広い能力をもった技術者を育成するためにさまざまな研修コースや研修メニューを整備することが求められている。

② **キャリア形成支援**[10]

企業はどの方向に変化していくのかを見きわめにくくなってきている昨今である。変化のトレンドが不透明であり，企業がとるべき重要な能力開発政策あるいはキャリア形成政策は，従業員一人ひとりが自己の責任で，適性を把握し，将来のキャリアの方向を考え，それに合わせて能力を開発するような仕組み，つまり，キャリアの節目に，従業員個人が自己責任で「自分にとって優秀な人材とは何か」「自分にとって，優秀な人材になる道は何か」を考えることのできる環境づくり（個人のキャリア形成に対する支援体制の整備）が必要になってきている。

『能開調査（平成14年度版）』によれば，企業は「上司との面談」（46.8％）や「自己申告制度」（32.8％）等の人事評価に関連する場を中心に「教育訓練機会の情報提供を通して」（40.0％）や「階層別研修」（23.9％）の教育訓練の場も利

図表3-12 従業員にキャリア形成を考えてもらう場（複数回答）

(単位：%)

	総数	上司との面談	自己申告制度	長期の休暇	階層別研修	キャリアの相談を受ける制度	人事部門の担当者との面談	教育訓練機会の情報提供を通して	キャリアプランの策定のための研修	その他の研修	その他	特に行っていない	無回答
全体	2063	46.8	32.8	0.9	23.9	2.3	8.6	40.0	4.7	13.7	1.4	18.2	3.3
【正社員規模別】													
30人未満	160	42.5	24.4	0.6	8.8	3.1	7.5	37.5	6.9	16.9	1.3	25.0	6.3
30～49人	605	40.0	29.4	0.7	12.7	3.1	8.8	39.7	4.0	13.7	1.0	20.8	4.1
50～99人	581	45.1	31.7	1.2	22.9	1.9	8.1	41.7	2.6	12.7	1.2	18.9	2.4
100～299人	510	52.7	35.3	1.0	34.1	1.8	8.4	38.2	3.7	13.3	2.0	15.1	3.3
300人以上	164	61.0	47.0	1.2	51.2	1.8	12.2	43.9	14.6	14.6	1.8	9.8	0.6

資料出所：図表3-11と同じ

用し，個人のキャリア形成に対する支援を行っており，とくに，大手企業ほど多様な支援の仕組みを整備している（図表3-12を参照）。

　さらに，キャリアプランの策定のための研修であるキャリア開発研修を導入する動きがみられる。その研修は，それぞれの従業員が自分自身を知り，どのような職業人生を歩んでいけばいいかを考えることをねらっている。たとえば，入社5年目程度の若手社員を対象にして，中長期的な視点から主体的に自己のキャリアについて考えてもらうための研修や新任役職者を対象にして，これまでの自分のキャリアを振り返り，能力・スキルを客観的に認識して具体的なキャリア・プランの設計をガイドするような研修である。くわえて，社員一人ひとりの将来へのキャリア形成を支援することをねらいとしたキャリア・カウンセリングを導入する企業もみられる。

おわりに――これからの能力開発を考える

　これまで明らかにしてきた企業の教育訓練政策の変化と投資行動は以下のように整理することができる。

第1に，教育訓練政策の見直しを考えているのは，従業員規模が300名以上の企業，そのなかでも，とくに，1000名以上の大企業である。多くの従業員を抱えている大企業にとっては，企業をとりまく経営環境の厳しさが増したことで，限られた教育訓練投資のなかで，人材育成の効率性を高め，人材投資を企業の成果に結びつけることが従来になく問われるようになったからである。

　第2に，その政策の変化は，「企業の責任」で「本社主導」の全員一律の「底上げ教育」を「社内で実施」することから，今後は「事業所・事業部主導」の「選抜教育」に切り替え，さらに教育投資の効率性の観点から「アウトソーシング・外部委託」を積極的にすすめて，教育訓練に意欲的な人に資源を集中する方向を示している。そこでは個人の責任が強調される。

　こうした教育訓練政策の変化を受け，今後の企業の教育訓練投資戦略（配分戦略）について考えると，第1に，企業の支払能力（予算制約）が厳しくなるなかで，階層別研修については，訓練対象者を限定するか，あるいは，対象人数を限定するかという方向で階層別研修の再編がすすむことが予想される。さらに，予算制約のもとで，訓練対象者の人数を限定すれば，階層別研修よりも目的・課題別研修に資源を多く配分することも考えられる。第2に，市場環境の変化のなかで，仕事や求める能力が大きく変化すると考えれば，企業は職能別研修に資源を多く配分することが予想される。

　これまでの能力開発には「とにかく訓練することはよいこと」と考える傾向があったように思える。しかし，企業にとっても個人にとっても能力開発のリスクは格段に大きくなってきている。費用をかけて能力開発しても役に立たないかもしれない，あるいは予想したような効果があがらないかもしれない可能性が大きくなってきている。

　教育訓練は投資活動であるがゆえに，また，市場環境の変化のなかで，投資活動のリスクが大きくなっているがゆえに，これまで以上に，「どのような人材，能力が将来必要になり，それを育成するためには，どの程度の資源を投入すべきであるのか」について意識しながら，教育訓練を展開していくことが必

要不可欠になってきている。 【大木　栄一】

注
1）この調査は，厚生労働省職業能力開発局からの委託を受けて日本労働研究機構が実施したものであり，厚生労働省職業能力開発局が毎年実施してきた「民間教育訓練実態調査」を引き継ぐものである。アンケート調査は企業調査と従業員調査の2種類行われ，企業調査は従業員規模30人以上の企業1万社を無作為に抽出し，有効回収数（率）は2176社（21.8％）である。回答企業の正社員規模の分布は，30人未満が9.4％，30〜49人が29.7％，50〜99人が29.1％，100〜299人が21.4％，300人以上が7.0％となっている。
2）3-3. は主に大木（2003a）および大木（2003b）にもとづいている。
3）この労働費用に関する調査は1972年から実施されており，72年〜85年については『労働者福祉施設制度等調査報告』，86年から98年については，『賃金労働時間制度等総合調査報告』，これ以降については，『就労条件総合調査』としてまとめられている。ただし，労働費用については，毎年ではなく，3〜4年に1回程度で調査が行われている。調査対象企業（平成14年を例にあげると）は本社の常用労働者が30人以上の民営企業のうちから，産業，規模別に層化して抽出した約5300社であり，日本企業の全般的な状況を把握するうえでは最適な統計である。
4）これまではOFF-JTについてみてきたので，残された課題はOJTに対する教育訓練投資である。しかし，OJTは「仕事をしながらの訓練」であるため，教える側，教わる側のいずれについても，仕事のどの部分が訓練的な性格をもっているかを確認することが難しく，そのため投資額を直接把握することはできない。そこでここでは，野村総合研究所（1997）のデータを整理した今野・大木（2000）から，その手がかりとなる調査結果について紹介する。部課長クラスの上司とその部下である一般職を比べてみると，上司は全業務の3割程度を部下育成に，部下は全業務の3割程度を自身の能力開発のために投資している。もちろんこのなかにはOFF-JTによる教育訓練も含まれるが，その多くはOJTであると考えられ，会社はOJTを通して従業員に膨大な額の投資をしていることがわかる。
5）この調査プロジェクトは，旧労働省の人事労務管理研究会の研究プロジェクトのなかで実施されたもので，アンケート調査は従業員の多い順に3010社を対象に，有効回収数（率）は591社（19.7％）である。回答企業の正社員規模の分布は，1000人未満が33.8％，1000〜3000人が51.3％，3000〜5000人が7.4％，5000人以上が7.4％であり，1000人以上の大企業にかたよっている。また，教育訓練（OFF-JT）費は本社の能力開発部門で実施しているOFF-JTに限り，各事業部門・事業所，職場で独自に実施しているOFF-JTは含んでいない。教育訓練（OFF-JT）の費用総額には，①社外に支払う人件費（社外の講師，

指導員の謝金等），②研修委託費，参加費等（教育訓練を外部機関に委託した場合の費用，各種社外セミナーの参加費，国内外留学のための費用），③教材費（教育訓練に使用する教科書代・教材費，教科書・教材の開発費等），④外部施設使用料（教育訓練を行うための施設・設備の借上金，共同施設の管理費・利用費等），⑤社内人件費（社内の研修施設および能力開発部門の職員の給与・手当等），⑥社内の施設設備・管理費（建物の減価償却費，光熱費，賃貸料，委託費，保険料，租税公課，補修費，保健衛生費，給食施設費，備品費等）を含み，OFF-JTにかかる交通費は除いた。

6) 教育訓練（OFF-JT）費は本社の能力開発部門で実施しているOFF-JTにかぎり，各事業部門・事業所，職場で独自に実施しているOFF-JTは含んでいない。教育訓練（OFF-JT）の費用総額の定義は，『人労研調査』と同じである。

7) この調査は2002年8月から9月にかけ，従業員規模が大きい順に2000社を対象，有効回収数（率）は244（12.2%）である。回答企業の正社員規模は，3000人以上が20.5%，1000～3000人未満が55.3%，1000名未満が22.5%である。

8) 戦略化を強める人材育成の個別企業の取り組みについては，筆者も参加した日本労働研究機構（1996），日本労働研究機構（2000），高年齢者雇用開発協会（2001）を参照。

9) この調査は，『能開調査（平成13年度版）』と同様に，従業員規模30人以上の企業1万社を無作為に抽出し，有効回収数（率）は2063社（20.6%）である。回答企業の正社員規模の分布は，30人未満が7.8%，30～49人が29.3%，50～99人が28.2%，100～299人が24.7%，300人以上が7.9%となっている。

10) 今後の従業員のキャリア形成支援のあり方については筆者も参加した三和総合研究所（2000）を，また，従業員個人の視点からみた企業内教育の特質と課題については筆者も参加した日本労働研究機構（1998a）を参照。

参考文献

今野浩一郎（1995）「職業能力の開発と生涯学習」 日本労働研究機構『生涯学習社会を考える』（資料シリーズ No.53）。

今野浩一郎・大木栄一（2000）「日本企業の教育訓練投資戦略」産労総合研究所編『企業と人材』6月5日号。

今野浩一郎・佐藤博樹（2002）『人事管理入門』日本経済新聞社。

今野浩一郎編（2003）『個と組織の成果主義』中央経済社。

大木栄一（2003a）「業績主義と教育訓練投資」今野浩一郎編（2003）収録。

大木栄一（2003b）「企業の教育訓練投資行動の特質と規定要因」『日本労働研究雑誌』第514号。

高年齢者雇用開発協会（2001）『65歳年金世代ホワイトカラーのキャリア形成に関する調査研究報告書』。

三和総合研究所（2000）『職業能力に関する調査報告書』（労働省委託調査）。
日本労働研究機構（1996a）『企業内教育の現状と課題』（資料シリーズ　No.59）。
日本労働研究機構（1996b）『民間教育訓練機関の組織と事業』（調査研究報告書　No.87）。
日本労働研究機構（1998a）『企業内における教育訓練経歴と研修ニーズ』（調査報告書　No.108）。
日本労働研究機構編（1998b）『リーディングス日本の労働⑦　教育と能力開発』。
日本労働研究機構（2000）『技術者教育の現状と課題』（資料シリーズ　No.104）。
日本労働研究機構（2003）『教育訓練制度の国際比較』（資料シリーズ　No.136）。
野村総合研究所（1997）『職業能力開発及び人材育成に関する調査研究報告書』（労働省受託調査）。

4 人的資源管理とジェンダー

はじめに ── 日本型人的資源管理とジェンダー

　日本の労働者は企業との運命共同体意識[1]が強く，個人や社会の利益より企業のそれを最優先に考えて行動するといわれる。その理由は，長期安定雇用慣行と年功制を中核とする日本特有の人的資源管理によって説明される。企業が，正規従業員を新規学卒者から年1回4月に定期採用し，配置転換を繰り返しながらの多様なOJTや社内外の研修によって長期的に育成し，本人に重大な過失がない限り定年まで雇用を保障する長期安定雇用慣行と，それと表裏一体の関係にあり昇進・昇格，昇給そして企業福祉を，能力や業績よりも勤続年数，年齢，学歴，性などの属人的な基準で決定する年功制である。これによって，年齢とともに上昇する必要生計費をはじめとする生活上の諸欲求を企業内で安定的に充足させることができるため，労働者は企業の利害と個人の利害を重ね合わせ，家族を含め全生涯を企業共同体に依存するようになった（間宏，1989）。
　これらの終身雇用慣行や年功制を中核とする人的資源管理は，戦前は基幹労働者だけに適用されていたが，戦後の民主改革の過程で「全従業員」に拡大され，その後の高度経済成長期に（以下，高度成長期と略す）一層強固なものになったとされる（篠塚英子，1995，25～31頁）。しかし，そのような人的資源管理が顕著にみられるのは，大企業や官公庁の男性正規従業員においてである。女性は正規従業員であっても，パートタイマーなどの非正規従業員と同様，男性正規従業員に終身雇用や年功制を保障するための雇用調節弁として，男性正規従業員とは別の人的資源管理の下に置かれてきた。それは，第一に，工業化，雇用者化による職住分離の進展が「男は仕事，女は家庭（家事）」という性別役割

分業（観）を促進したためであり，第二に，戦前の伝統的な家父長的家族制度の男尊女卑的な規範や意識が，戦後も根強く生き続けているためである。その結果，「男性は長期勤続・基幹労働・家族扶養者，家庭責任を担う女性は短期勤続・補助労働・被扶養者」さらに「男性は上位・支配，女性は下位・服従」などの性役割分業（観）を前提とした性別の人的資源管理が形成されたのである。このような日本型人的資源管理の下で，女性は下位の職階に固定され，能力開発やキャリアを形成して役職に就くことが非常に困難である。日本における女性の（職場における）地位の後進性は国際的にも顕著であり，今後グローバル化が一層進展するなかで，改善されるべき重要な経営課題，社会課題の一つとなっている。本章では，日本型人的資源管理が第1次石油危機以降[2]どのように変化してきたかを，ジェンダーの視角から考察し，男女共同参画社会に求められる人的資源管理について展望する。

4-1. 安定経済成長期の人的資源管理とジェンダー

4-1-1. 女性雇用者全体の戦力化

1973年の第1次石油危機を契機に日本経済はそれまでの高度成長から安定成長に移行した。経営環境が厳しくなるなか，企業は能力主義・少数精鋭の導入，強化によって減量経営をすすめたが，さらに，ME化，サービス経済化，そして女性雇用者の増加と定着などの経済社会環境の変化に対応するため，女性雇用者全体の戦力化をめざすようになった。それぞれの変化について以下に述べよう。

第一に，事務労働のOA化は女性が担当してきた単純業務を大幅に合理化し減少させた。そのため，女性雇用者は「自己都合退職」による自然減や採用抑制などによって削減されたり，単純事務以外の営業職などに就けて能力開発，職域拡大が試みられた。また，OA化によって業務が標準化され企業特殊技能が不要になるため，女性正規従業員の業務を企業外の派遣労働者やパートタイム労働者に代替させることが可能になり，非正社員として働く女性が増加した。

1980年代前半から半ばにかけて都市銀行や総合商社などの多くが派遣会社を設立している。一方，ME化はプログラマーやシステムエンジニアなどの新しい技術者を必要とし，とりわけ大企業において大卒以上の高学歴女性が求められるようになった（東京都立労働研究所，1989，29〜32頁）。

　第二に，1970年代半ばには第2次産業の就業者は頭打ちになり，第3次産業で働く人が5割を超えサービス経済化の時代を迎えた。サービス需要の繁閑に対応するため，非正規従業員への依存が強まった。また，精神的豊かさを求めるなど消費が高度化，多様化し，「女性の感性」や消費者としての経験が重視されるようになる。そこで，女性だけのプロジェクトチームや女性だけの職場，女性営業職などが生まれ，能力開発や職域拡大をすすめることになった。

　第三に，女性の雇用者化が一層すすみ働く主婦が増加した。高度成長期には家族従業者として働く農家の「嫁」が減少し，サラリーマンの夫をもつ専業主婦が増加していった。安定経済成長期（以下，安定成長期と略す）になると，専業主婦が減少し働く主婦が増えていった（労働省婦人少年局，1983，15〜16頁）。女性雇用者数は，石油危機直後2年間（1974〜75年）ほど大きく減少したが，女性は労働市場にとどまらず家庭に入ったため失業者として顕在化せず雇用調整のバッファー機能を果たした。その後女性雇用者は急速に増加したが，その大多数がパートタイム労働者であった。それを促進した要因として，仕事より家庭を重視する女性側の希望と，人件費を抑制したい企業側の狙いが合致していたことが考えられる。また，経済のサービス化にともない第3次産業での需要が拡大したこと，OA化によって業務が標準化され，女性正規従業員の業務をパートタイム労働者や派遣労働者に代替させることが可能になったことなどがあげられる。パートタイム労働者の急増に対応するかのように，1970年代とりわけ80年代に，「日本型福祉社会」に向けた家庭基盤充実策の一環として，税や社会保障面で被扶養の専業主婦（一定条件を満たすパートタイム労働者などを含む）を保護する政策がすすめられた（塩田咲子，1993，33頁；大沢真理，1993，204〜211頁）。この時期，パートタイム労働者は企業にとって不可欠なものと考

えられるようになった。

　第四に，女性の勤続年数の長期化，企業への定着である。女性の平均勤続年数が伸び（1960年 4.0年，1975年 5.8年，1985年 6.8年，1990年 7.3年），10年以上勤続者も1985年には4人に1人を占めるようになった（労働省「賃金構造基本統計調査」）。年齢階級別労働力率をみると，M字の谷に当たる出産・育児期の25～34歳層は1975年までほぼ下降を続けたが，それ以後上昇に転じた（労働省婦人少年局，1983，17～18頁，付属統計表2～3頁；労働省婦人局，1995，付6～7頁）。女性雇用者の中高年既婚者比率が一層上昇し，1985年には中高年層（35歳以上）と有配偶者はそれぞれ約6割に達した。安定成長下における女性の勤続年数の伸びや中高年有配偶者比率が高まったことにより，企業は女性全体のモラールアップと戦力化を重視するようになった。

　第五に，女性の教育水準も高度成長期を通じて急速に上昇し，1975年には短大，大学進学率がそれぞれ19.9％，12.5％に達したが，その後の上昇は緩やかになっている（文部省「学校基本調査」）。一方，女性の新規大卒就職率は，高度成長期にはほぼ6割前後であったが，その後1976年を底に次第に上昇し，バブル経済崩壊直前の1991（平成3）年には82％のピークに達した。その職種も従来主であった教員，医療保健技術者，事務従事者で減少し，技術者や販売従事者の増加が大きく（労働省婦人局，1984，33頁），大卒女性の職域が拡大しているのがわかる。

　高度成長期には，企業にとって，「高年」の長期勤続者を短期勤続の女性一般とは別の人的資源管理に移したり，中堅女性労働者をあくまで補助労働力と位置づけながらその枠内でいかに有効活用をはかるかが課題であった。安定成長期になると，パートタイム労働者や勤続年数の浅い女性正規従業員を含めて，女性雇用者全体をいかに戦力として活用するかが重要になったのである。

4-1-2. 女性雇用者を対象とした本格的な人的資源管理の開始

　日本生産性本部（現在の社会経済生産性本部）が大企業の管理者，中堅社員を

対象としたビジネススクールとして経営アカデミーを創設したのは1965年であるが、人事労務などに関するグループ研究のテーマに女性が初めて取り上げられたのは、1970年代半ばであった。当時の研究報告書から、大企業の人事労務担当者たちの考えを知ることができる。それによれば、従来、女性は低賃金、単純、補助労働力の「消耗品」として一括管理の下に置かれ、「真剣に」有効活用や能力開発等を考えた人的資源管理はほとんど実施されてこなかったという（昭和49年度経営アカデミー人事労務コース・グループ研究，1975，3頁）。ただ、この枠からはみ出した少数の女性たちに対して、「主任格、ヴェテラン女子を管理者的地位に位置づけたり、永年同じ仕事に従事してその分野に於いては他の追随を許さぬ程スキルに練けた女性を専門職的な使い方をする」（昭和54年度経営アカデミー人事労務コース・グループ研究，1980，30頁）といった、個別で後追い的な対応が取られてきた。しかし、安定経済成長期に入ると、人件費の増大を抑制する必要から、女性労働者の有効活用が緊急の課題となった。同時に、女性労働者の勤続年数の長期化、高学歴化、職業人意識・就業継続意欲の高まりなどがみられ、単純・補助労働力として女性を集団的に管理することが、人件費コストや有効活用の点で障害になると考えられるようになった。そこで、年功的、集団的管理から能力主義による個別管理への転換が求められ、その前段階として、能力および意欲により「管理職、専門職候補者層」「準専門職候補者層」「補助・単純業務層」の三つのグループに選別し、それぞれに応じた能力開発、育成、活用を図っていくことが課題とされた（昭和54年度経営アカデミー人事労務コース・グループ研究，1980，24～33頁）。また、「管理職、専門職候補者層」は、職業意識のそれほど高くない他の女性たちの活性化の「先導役」になることを期待されている（昭和52年度経営アカデミー人間開発コース・グループ研究，1978，22，24～25頁）。

ここで、企業における人的資源管理の実態をみてみよう。1981年調査によれば、4大卒女性が在籍している企業は事務系で22.1％、技術系で6.2％にすぎない。さらに、事務系では「補助的分野に配置している」企業が4割、「特定

の業務,職種に配置している」が3割を占めている。技術系では補助的分野への配置は少ないが,「特定の業務,職種に配置している」が最多で3割,「男子と全て同様に扱っている」「専門的分野のスタッフとして活用している」が各25%前後である。つまり,技術系はある程度活用されているが,事務系の活用はすすんでいない。今後の大卒女性の「活用方針」としては,「補助的分野に配置する」「特定の業務,職種に配置する」が減少し,「男子と全て同様に扱う」「専門的分野のスタッフとして活用する」が増加している(労働省婦人少年局,1981,21~22頁)。

次に,女性の活用方針に関しては,「以前から男女区別なく扱う方針できており,今後ともその方針でいく」企業が1981,84年では約3割にすぎなかったが,1987年には,「(均等)法施行前から,男女区別なく扱う方針できており,今後もその方針でいく」企業が6割を超えるにいたった。しかも,企業規模や産業による差があまりみられず,いずれの企業規模や産業でも高い比率を示していた(労働省婦人少年局,1981,50頁;労働省婦人局,1985,60頁;同,1987,92頁)。ところが,女性の職域拡大,能力開発のために何らかの措置を実施した企業は多くない(図表4-1)。ただ,1980年代半ばには「従来男性のみであった仕事に女性をつけた」「教育訓練の機会を広げた」企業が2割弱に,「管理職への登用の機会を広げた」「昇格の資格要件を男性と同一にした」「女性の体力にあう

図表4-1 女性の職域拡大,能力開発のために何らかの措置を実施した企業の割合

(%)

	従来男性のみであった仕事に女性を就けた	管理職への登用の機会を広げた	昇格の資格要件を男性と同一にした	教育訓練の機会を広げた	勤務体制を男性と同じものにした	女性の体力にあうよう機械化,工具の改良等を行った
1977年	8.0	5.7	3.4	5.4	0.6	5.8
1981年	8.4	6.6	5.3	4.1	1.3	3.7
1984年	19.9	9.8	9.5	18.5	5.0	10.9

注:1977年調査は過去5年間,1981年調査と1984年調査は過去3年間を対象としている。質問の形式や選択肢が一部異なるが,比較可能な選択肢を取り上げて再集計した。
資料出所:労働省婦人少年局,1981,48~49頁;労働省婦人局,1985,55~59頁。

よう機械化，工具の改良等を行った」企業が約1割に増加している。金融・保険業で，また企業規模が大きいほど，実施した企業の比率が高くなっている（労働省婦人少年局，1981，48〜49頁；労働省婦人局，1985，55〜59頁）。1980年代半ば前後にこれらの急激な変化があらわれたのは，1975年の国際女性年に始まる男女平等化への世界的潮流の高まりのなかで，企業の男女差別的人的資源管理が批判され，男女雇用機会均等法（以後，均等法と略す）の成立，施行に向けて，企業が何らかの「改善」を図ったためと推測される。

均等法施行後，管理職に占める女性の比率がわずかながら徐々に上昇している。しかし，その多くは係長など下位の役職者であり，係長職ですら1994年現在の女性比率は6.4％にすぎない。欧米諸国と比較すると，日本の女性管理職比率は2分の1から5分の1にとどまっている（ILO，1995）。

この時期に導入された女性のキャリア形成にとって重要な新しい人的資源管理として，コース別人事制度と女性チームの活用がある（竹内敬子，1994；仲野美佳，1987；岩田龍子，1987）。コース別人事制度は，銀行，生保，商社などの大企業を中心に導入されたが，後述するように，男女差別を温存するなどの問題点が指摘されている。これとは対照的に，従来から比較的男女平等な人的資源管理を実施してきた百貨店，スーパー，教育情報関係の企業，外資系コンピュータ企業などでは，コース別人事制度は導入していない。

女性チームの活用は，(1)女性だけの商品開発チーム，(2)女性だけの支店や課などの運営，(3)女性営業チームなどによる職域拡大に分類できるが，それらに共通するのは女性の活性化，戦力化とともに，「女性の感性，きめ細かさなどの特性」を生かそうという視点である。しかし，このような性役割分業（観）を重視した女性の活用は，単発的，部分的に実施されるため，女性に男性と対等な長期のキャリア形成を促すものとはなっていない（日本労働組合総連合会，1996，74頁）。

1970年代半ば以降，企業は女性雇用者全体をそれぞれの能力と意欲に応じて，能力開発，育成，戦力化することを試みるようになった。安定成長期の女性の

キャリア形成は，女性に対する人的資源管理に「真剣に」取り組み始めた企業側から職域拡大，能力発揮の機会を与えられて，女性がそれに対応していくという企業主導の傾向があったのではないかと推察される。ただ，職域拡大や能力発揮は必ずしもキャリア形成や処遇につながらず，性別管理は温存されたまま，それぞれの集団内部で個々人を最大限に活用しようとするものであった。

4-1-3. コース別人事制度による性別管理の制度化

コース別人事制度を導入している企業は全国的にみれば4.7％ときわめて少ないが，企業規模別では5000人以上で52.2％，1000～4999人で34.3％，300～999人で20.5％となっており，大企業ほど導入がすすんでいる。また産業別では金融・保険業と不動産業で多く，それぞれ34.0％と17.7％で導入されている（労働省婦人局，1996，9～10，51頁）。これらは，女性比率の高い（5割強）産業である。コース別人事制度は，女性も総合職として男性と対等に働き平等な処遇を受けることが可能になるのではないかという期待を抱かせたが，他方では，性差別を固定化するものであるとの厳しい批判がある。

コース別人事制度[3]の導入は，均等法の成立，施行が契機となった。しかし同時に，多くの企業が共通に抱える経営をとりまく諸環境の変化への対策として実施されたといわれている。経営環境の変化を，都市銀行を例にまとめると次のように要約できる（渡辺峻，1995，21～37頁；「ニッキン」1986.3.17）。第一に，経済のグローバル化，金融の自由化，情報化の進行，と同時に顧客ニーズの多様化，高度化などにともない，一方では高度化，専門化，多様化した職務に対応できる新しい人材の育成と強化が求められ，他方では国内外で激しさを増した企業間競争が，企業をリストラクチュアリング（企業再構築），とりわけ人件費の削減に向かわせることになった。第二の変化としては，オンライン化による技術革新によって，省力化や職務の二極分化がすすんだ。その結果，中間管理職の権限が縮小し，団塊世代の管理職ポスト不足や中高年層の肥大化の問題が一層深刻になった。また，女性行員の採用抑制や，正社員から派遣労働者や

パートタイマーへの転換がすすみ,女性行員の平均年齢が上昇した。他方では,女性の高学歴化,就業意欲の高まりにより女性行員の勤続年数が長期化した。

コース別人事制度は,募集・採用から定年,退職までの人的資源管理をコース別に設定するものである。その結果,女性が多数を占める一般職は,人的資源管理のあらゆる面で制約,差別を受けることになった。たとえば,職能資格制度上,一般職は昇進昇格の上限を非役職層もしくは主任や係長クラスの下位役職層に設定され,また,昇給も低率に抑えられている[4]。つまり,従来は運用で行われていた「男女別」人事制度を,「コース別」人事制度と名称を変えることによって,男女差別の慣習,慣行が制度化されることになったのである(宮地光子,1996,90～91頁)。さらに,資格が細分化され,年功による自動昇格や定期昇給は削減もしくは撤廃され,査定給の比率が高まっており,コース間のみならず,資格間および同一資格内での賃金格差が拡大した。大多数が男性である総合職も,ますます少数精鋭が求められ,昇進昇格の選別が厳しくなり,労働者相互の競争を激化させている[5]。コース別人事制度は,従来の性別集団管理を制度化し,さらにそれぞれの集団内での個別管理を強めることによって,労働者間の格差を拡大している(北川隆吉ほか,1986,174～197頁; 渡辺峻,1995,57～102頁)。

コース別人事制度の問題点は多々あるが,ここでは以下の2点を取り上げる。第一に,コース別人事制度は,労働者が自らの能力,適性,ライフスタイルにあったコースを主体的に選択し,そこでの能力開発とキャリア形成を通して自己実現を達成することができるため,労働者の多様化した価値観に対応した多様な自己実現を可能にするものであると,企業は強調している(渡辺峻,1995,46～56頁; 加藤佑治ほか,1990,113頁)。しかし実際には,コース分けの規準に「転居を伴う転勤」を入れたり(間接差別),採用,コース分けおよびコース転換時に企業によってさまざまな性差別的対応が行われたり,総合職へのコース転換の機会を大幅に制限するなど,コースの入口で性による選別が行われている。そのため,総合職中の女性比率は2.5%にすぎず,逆に一般職では74.6%

を女性が占めており，事実上の性別コースになっている（21世紀職業財団，1994，3，27頁）。2003年の夏には，国連の女性差別撤廃委員会が，コース別人事制度などの間接差別について国内法を整備するよう日本政府に勧告している。さらに，同年12月24日に和解が成立した住友電工男女差別訴訟では，裁判長が，実質的に男女差別になっているコース別雇用を是正するよう勧告するという国内では画期的な判断が示されている（「朝日新聞」2004.1.6）。

　コース別人事制度導入以前には，女性の勤続年数の長期化にともなう賃金の上昇にみあった職務（生産性）として，リーダーシップやより高度な判断を要する仕事を任せるなど，ベテラン女性の職域拡大，活用がすすめられた。それは，女性たちが仕事の面白さに気づき，キャリア形成をめざすなど職業意識を形成する契機にもなりえた。しかし現在のコース別人事制度下では，一般職として働く多くの女性たちは，コース転換をしない限り，勤続年数がいかに長くなろうとも補助業務担当者と規定され，どんなに努力しようと仕事に高い評価は与えられず，昇進・昇格・昇給も低く抑えられている。他面では，一般職にも従来の男性の仕事を任せるなど職域拡大がすすんでいるが，この場合も一般職の資格や処遇は据え置かれたままであり，総合職との格差は大きい（桜井絹江，1991，44〜51頁）。このような状況下で，一般職のモラールは低下している（秋葉ふきこ，1993，188〜190頁）。

　一方，総合職となった女性たちはどうだろう。大多数の企業では，総合職の女性たちを男性総合職と同様に育成し登用するという基本方針やコンセンサスが確立しておらず試行錯誤の段階にある（21世紀職業財団，1994，5頁）。そのため，既存の企業文化や職場慣習あるいは上司などによって，仕事の与えられ方，配置，OJT，昇進・昇格などが同じ総合職でも男女で違ったり，また，ジェンダーに規定された男性役割と女性役割の女性総合職への期待のされ方も異なる。女性総合職の多くは，仕事上ある程度能力を発揮することができていると考えている。しかし，労働時間は長く，体力的にもハードであり，また，男性総合職と差別されずに仕事ができ昇進・昇格や昇給ができるという将来展望が

もてず，不満や不安を感じている（ワーキング・ウーマン研究所総合職研究会編，1993，235頁；竹信三恵子，1994，45頁；日本労働組合総連合会，1996，とくに53頁）。

以上から，企業が強調する「労働者の主体的コース選択や能力開発とキャリア形成を通しての自己実現」が，実態といかにかけ離れたものであるかが知られる。

第二に，種々の調査結果によれば，企業は，女性の活用・登用に積極的でない主要な理由として，女性の勤続年数が平均的に短いことをあげている（たとえば，労働省婦人局，1996，26～27頁）。そして，女性総合職でさえ，多くが短期間で退職していく現状を問題にする。しかし，総合職を含めて一般に，結婚や出産にあたっての退職慣行[6]，不十分な育児・介護休業制度，その取得に因る配置や昇進・昇格・昇給上の差別等々が少なからず存在する[7]（大脇雅子ほか，1996，180～215頁）。このような，女性に家庭役割を捨てて仕事を取るか，退職して家事・育児・介護に専念するかの二者択一を迫るような企業の姿勢自体が女性の早期退職を促進している。

ところで，女性総合職退職者への調査によれば，職場の平等度は職種によって異なり，販売・サービス，人事・教育訓練で低く，営業，情報処理，研究開発では高い。退職理由は，前者では仕事の将来性，企業体質，職場の人間関係が多い。先の自己実現の箇所で述べたような男女差別的な人事労務管理や職場の慣習などが女性総合職の就業継続を阻害していると考えられる。職場の平等度が高い後者の退職理由は，結婚，妊娠・出産，配偶者の転勤などであるが，彼女たちの残業時間は長く，体力に限界を感じるなど，職業と家庭責任との両立が難しいことを示している（日本労働組合総連合会，1996，22～24，67～76，102～103頁）。したがって，女性差別的人的資源管理が変化しない限り，それと同時に，家庭より仕事を優先させる企業の論理と行動様式が変化しない限り，高齢社会を支える主要な労働力の一つとなるほど女性の勤続年数は伸びず，一方，少子化もすすむだろう。

4-2. バブル経済崩壊後の人的資源管理とジェンダー

4-2-1. 日本型人的資源管理の変容と労働者意識の変化

　バブル経済崩壊後の雇用調整の特徴は，その対象がこれまでの中高年，女性，そしてパートタイム労働者や派遣労働者などの非正規従業員にとどまらず，日本的経営の中核とみなされてきた男性正規従業員，とりわけ，大企業の中高年ホワイトカラー労働者や管理職者にまで及んだことである。このようなホワイトカラー労働者や管理職者を対象とした雇用調整は，中高年従業員の余剰感が強い大企業が，バブル経済崩壊を口実に実施した一時的な現象であり，日本的経営に今後も大きな変化はないと考えることもできる。しかし，日経連が提唱した「新日本的経営」や企業調査をみると，日本的経営の根幹が動揺しつつあるように思われる。

　日経連の『新時代の「日本的経営」』によれば（新・日本的経営システム等研究プロジェクト編著，1995，30～34頁），企業の多くは，「長期雇用者と流動化させる雇用者との組み合わせ」を考えており，今後は，「期間の定めのない雇用契約」を結び「昇進・昇格・昇給」させる管理職や総合職などの「長期蓄積能力活用型」と，「有期雇用」で昇給のない企画，営業，研究開発など専門職としての「高度専門能力活用型」および一般職などの「雇用柔軟型」の三つのグループに分けて人的資源管理を行うよう変化していくと予測している。この「新日本的経営」のもとでは，年功的人的資源管理から能力・実績主義的人的資源管理への移行が加速されるとともに，長期安定雇用や「昇進・昇格・昇給」が保障される管理職や総合職の絞り込みが行われ，男性にも有期雇用で働く者が増加すると予想される。管理職や総合職は，年俸制や厳しい査定によって一層激しい競争に駆り立てられることになる。女性の多くは「有期雇用」の一般職とされ，家庭責任を免れた男性と同様な働き方ができる女性だけを厳選して総合職として活用する。つまり，一方で，性役割分業（観）を前提とした性別人的資源管理の制度化を一層すすめながら，他方では，男性の少数精鋭化を徹底し

て，長期安定雇用と昇進・昇格・昇給の対象者を最少に抑え込むことを意図したものである。また，企業の「終身雇用慣行に関する今後の方針」によれば，企業規模にかかわらず「重視する」が減少し，「こだわらない」が増加している。とくに，1000人以上の大企業では，1993年には「重視する」が支配的であったが1996年には激減し，代わりに「こだわらない」が著しく増加して比率が逆転した（図表4－2）。さらに，2002年では「終身雇用慣行を重視する」企業は8.5％，従業員5000人以上の大企業ですら14.2％にすぎない。年功制に関しては変化は一層進んでおり，「主として年功序列主義を重視する」企業は0.8％である（厚生労働省大臣官房統計情報部，2002，90～91頁）。

このような1990年代半ばにおける企業側の人的資源管理の方針転換に呼応するように，労働者意識にも変化があらわれている。総理府の1992，95年調査によれば，終身雇用と年功制に関する労働者の意識は若干の変化がみられるものの肯定派がそれぞれ7割と5割を超え，依然として根強い支持を受けている。

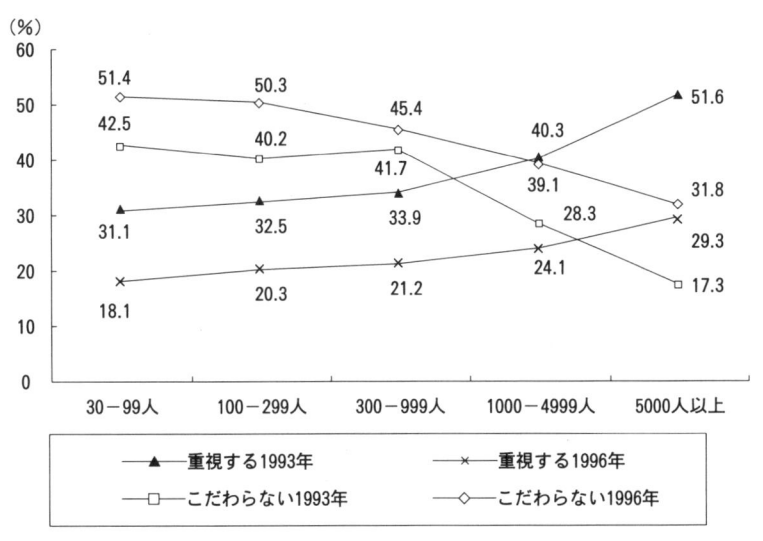

図表4－2　終身雇用慣行に関する今後の方針（企業規模別）

企業規模	重視する1993年	重視する1996年	こだわらない1993年	こだわらない1996年
30－99人	31.1	18.1	42.5	51.4
100－299人	32.5	20.3	40.2	50.3
300－999人	33.9	21.2	41.7	45.4
1000－4999人	40.3	24.1	39.1	28.3
5000人以上	51.6	29.3	17.3	31.8

資料出所：労働省政策調査部編，1996，33頁から作成した。

ところが，転職観では，1992年には「1つの会社や職場でできるだけ長く働くのがよい」が「自分の能力や適性が発揮できるならば転職してもよい」の44.4％を上回り5割を超えていたが，1995年になると「1つの会社や職場でできるだけ長く働くのがよい」が約3割に落ち込み，「自分の能力や適性が発揮できるならば転職してもよい」が6割を越えるまでに急増している。転職に積極的なのは若年層や管理・専門技術職，事務職に多い。さらに，従業員1000人以上の大企業ホワイトカラーを対象とした1999年調査によれば，終身雇用や年功制が「原則として維持されるべき」との回答は1～2割にすぎず，「部分的な修正」や「基本的な見直しが必要」が8割前後を占めている（労働省，2000）。

4-2-2. 男女共同参画社会の人的資源管理——ダイバーシティ・マネジメントとワーク・ライフ・バランス——

男女共同参画社会基本法が1999（平成11）年に公布，施行された。UNDP（国連開発計画）が毎年発表する「人間開発報告書」は，日本では能力開発では男女格差が比較的小さいにもかかわらず，政治，経済，社会での女性の参画（GEM: ジェンダー・エンパワーメント指数）が非常に遅れていることを示している。男女共同参画会議は，男女の事実上の平等を促進するための暫定的特別措置であるポジティブ・アクション（以後，PAと略す）として，国連ナイロビ将来戦略で示された国際的な目標数値にならい，2020年までに社会のあらゆる分野で女性が指導的地位を占める割合が少なくとも30％程度になるよう期待する，との意見書を提出した（男女共同参画会議，2003）。同じく1999年に施行された改正均等法には，事業主がすすめようとするPAに対する国の援助が新設された。2000年にPAに取り組んでいる企業は26.3％にとどまっているが，企業規模が大きいほどその比率が高く，5000人以上で67.7％に達している（厚生労働省雇用均等・児童家庭局，2001，12頁）。ILO労働統計（ILO, 2002）によれば，2001年現在，管理職者中の女性比率は日本では8.9％と非常に低いため，2020年までに30％という目標は高すぎるようにも感じられる。しかし，欧米先進諸国で

は，アメリカ46.0％，イギリス30.0％，ドイツ26.9％など，すでに，あるいは，ほぼ達成されており，日本が先進国と認められるためにもこの目標数値はできるだけ早い時期に実現されるべきである。

職場における男女共同参画をすすめるために，政府（厚生労働省）は，やはり99年以降「ファミリー・フレンドリー（以後，FFと略す）」企業の普及促進にも取り組んでいる。「平成14年度女性雇用管理基本調査」によれば，育児休業取得率は，2001年度に出産した女性労働者の64.0％（1999年56.4％），30人以上事業所では71.2％（99年57.9％）と着実に増加している。女性の育児休業からの復職率も9割弱に達した。一方，男性労働者の取得率は0.33％（99年0.42％）ときわめて低い（厚生労働省雇用均等・児童家庭局，2003a）。

ところで，欧米先進諸国では，職場でのジェンダー・イクォリティを促進させるために，PA（米国ではアファーマティブ・アクション（以後，AAと略す）），ワーク・ファミリー・バランス（以後，WFBと略す），ダイバーシティ・マネジメント（以後，DMと略す），ワーク・ライフ・バランス（以後，WLBと略す）など多様な取組みが実施されてきた。米国を例にとれば，60年代にはAAが開始されている。そのAAを超える方法として90年代以降注目されているのがDMである（有村貞則，1999，263〜269頁）。一方，80年代後半には，働く母親の仕事と家庭の両立をめざしたさまざまな取組がWFBとして普及していった。さらに，90年代前半のリストラクチャリングの進行と「技術進歩の影響によって1人当たりの仕事量と労働時間が増え，それにともなってストレスやバーンアウトが大きな社会問題」となるなかで，働く母親だけでなくすべての従業員にとって，職業生活と個人生活・家庭生活のバランスが重要であるとされ，WLBが広まっていった（パク・ジョアン・スックチャ，2002，71頁ほか）。日本でも先述のように，遅ればせながら99年以降PAやFFを促進するための諸施策が講じられるようになった。また近年，経済団体もDMやWLBを提唱するようになった（日経連，2002; 経済同友会，2004）。政府や経済団体によるPA，FF，DM，WLBの概念規定や内容はまだ明確になっていないため，重複もありわかりにくい。

DMの特長は、(1)多様性を高め、尊重し、活用することが企業業績を高めることになる、(2)すべての従業員の貢献を最大限高める環境を作り出すために、既存の組織文化・システム・手法を変革する、(3)人種、性別、宗教、出身国、年齢、障害など法律で雇用差別が禁止されている要素だけでなく、個々人や集団間で違いを生み出すあらゆる要素が考慮される、以上3点であろう（有村貞則、1999、269〜273頁）。また、WLBの特長は「仕事の再設計」である。それは、(1)仕事と理想的な社員像についての既存の価値観・規範の見直し、(2)習慣的な仕事のやり方の見直し、(3)仕事と私生活のバランスを可能にし、仕事の効率と効果を向上させる（企業も会社も満足するWIN-WIN関係）、の3段階から成る。WLBによって、従業員の忠誠心が向上し、企業の生産性も高まる。80年代半ばに内部労働市場から外部労働市場へと転換した米国では、優秀な人材を外部市場で獲得し、企業内部で維持するためにもWLBは重要な経営課題となっている（パク・ジョアン・スックチャ、2002、78〜87、135〜136頁；キャペリ、P.、2001、46〜84頁）。DMやWLBはAAやWFBに較べ、企業の競争優位に直接かかわっている点、その対象を女性やマイノリティだけでなく従業員全体に拡大している点などで、企業や男性にも納得を得やすい。しかも、依然としてAA（差別撤廃）やWFB（福祉）の思想は内包しながら発展させており、そのうえ、「既存の組織文化・システム・手法」や「仕事と理想的な社員像についての既存の価値観・規範」「習慣的な仕事のやり方」を根本的に見直し変革することを目標にしているため、女性やマイノリティにとっても重要なものとなっている。

　欧米では、DMとWLBはすでに企業戦略として重視されている。日本では、数少ない先進企業の事例紹介報告をみても、DMとWLBの特長があまり把握されていないように思われる。ただ、外資系企業では取組みがすすんでいるところもある。注目すべきは21世紀職業財団の調査結果であり、日本でもPA（女性の能力発揮の促進や管理職への登用）への取組みがすすんでいる企業ほど、経営業績や売上が良好であることがわかった（厚生労働省雇用均等・児童家庭局、

2003b，54～55頁）。その因果関係を明らかにすることが今後の課題であろう。
日経連がDMで唱える「乗り換え可能な複線型人事制度」では，少子高齢社会の労働力として，（家庭責任のない）男性並みに働くことができる意欲と能力のある女性が選別され活用・登用される可能性が今よりは高まるかも知れない。しかし，「多様な働き方の選択肢を提供されて」，有期雇用の非正規労働者となる女性たちはますます増えるのではないかと危惧される。現在もパートタイマーなどの非正規従業員は増加を続け，2001年には27.1％に達した。その7割強は女性であり，女性雇用者の5割弱が非正規従業員である（「労働力調査特別調査」2001.2）。経済団体は，正規と非正規との均等待遇には強く抵抗しているため，非正規の経済的自立は難しい。大手スーパーのイオンでは，「能力が高く，正社員並みの処遇を希望するパートを対象に，正社員と同じ」資格を与え，昇格試験や「審査，研修も正社員と一本化し」，賃金格差も縮めるなどの新人事制度を導入するという（「朝日新聞」2004.2.7）。他方では，正社員から非正社員へと雇用契約の変更を強いられている人びともいる。これが「乗り換え可能な複線型人事制度」の「好例」であろうか。現在推進されようとしている「多様就業型」ワークシェアリングも，欧州のような均等待遇原則を欠いたままならば，雇用の不安定な低賃金労働者をさらに増加させるだけである。

経済のグローバル化，IT技術革新，高度情報化の進展によって，欧米先進諸国だけでなく，日本でもDMやWLBへの取組みが重要になっている。少子高齢化の進行する日本では，女性，高齢者，障害者，育児・介護を担う男性，外国人など労働者の多様化がさらにすすむであろう。DMやWLBを少子化対策，労働力不足対策に矮小化することなく，その特長を理解して人的資源管理に活かすことが，男女共同参画社会の企業に求められている。【野畑　眞理子】

注
1）日本の労働者は企業への忠誠心が強いといわれるが，それはむしろ運命共同体意識というべきものであり，戦後の企業内労働市場，企業内組合を背景とした労使の利害の一

致から形成されてきたという（間宏，1996，111～113，221～222頁）。これを裏づける一例として電機労働者の国際比較調査によれば，日本（約8割は男性）は「自分に報いてくれる程度に尽くしたい」が過半数を占め，「会社発展のため最善を尽くしたい」は14カ国中最低の2割弱にとどまっている（電機連合，1996.7，9頁）。

2）高度成長期における女性のキャリア形成に関しては，野畑眞理子（1994）を参照されたい。

3）コース別人事制度と混同されやすいスーパーなどの限定勤務地制度は，コースによって転勤の範囲と昇進・昇格の上限が異なるが，業務による区別ではない。この制度は，老親看護・介護，子どもの教育，マイホーム取得などのために地元志向を強める労働者の意識の変化に対応するために導入された（脇坂明，1993，56～59頁；荻原勝，1987，57～66頁）。

4）ある商社では，賃金のベースアップ率もコース別に決められた（桜井絹江，1991，58頁）。なお，コース別人事制度の導入時に一般職になると，実質的な格下げや賃金引き下げ（差額は調整手当で補填）を受けることがある（桜井絹江，1991，93,98,105頁；『ひろば』1987.2.15，14頁）。

5）1980年代半ば以降60歳定年制の導入がすすんだが，それも昇進・昇格・昇給を抑制する一因となった（北川隆吉監修，横倉節夫執筆，1986，185頁；経済企画庁編，1996，49頁）。

6）社内結婚のさいの退職慣行は金融・保険業で際立っている（労働省婦人局，1991，48～49頁）。

7）バブル経済崩壊後は，産休や育休取得を理由とする解雇や減給などが増加しているという（「朝日新聞」1997.9.14）。

参考文献

秋葉ふきこ（1993）『彼女が総合職を辞めた理由』WAVE出版。

有村貞則（1999）「アメリカン・ビジネスとダイバーシティ」『山口経済学雑誌』第47巻第1号。

岩田龍子（1987）「マネジメントへの影響」花見忠・篠塚英子編『雇用均等時代の経営と労働』東洋経済新報社。

大沢真理（1993）『企業中心社会を超えて』時事通信社。

大脇雅子・中島通子・中野麻美編（1996）『21世紀の男女平等法』有斐閣。

荻原　勝（1987）『複線型雇用管理――設計・導入・運用のポイント――』日経連弘報部。

加藤佑治・牧野富夫編著（1990）『ホワイトカラー――銀行・商社・損保の労働者たち――』新日本出版社。

北川隆吉監修，横倉節夫執筆（1986）『ＭＥの時代　銀行のレクチャー』中央法規出版。

キャペリ, P., (2001)『雇用の未来』日本経済新聞社。
経済企画庁編（1996）『平成8年版　国民生活白書』大蔵省印刷局。
経済同友会（2004.2）「『多様を活かす，多様に生きる』――新たな需要創造への企業の取組み――」。
厚生労働省雇用均等・児童家庭局（2001）「平成12年度女性雇用管理基本調査（2000年調査）」。
厚生労働省雇用均等・児童家庭局（2003a）「平成14年度女性雇用管理基本調査（2002年調査）」。
厚生労働省雇用均等・児童家庭局編（2003b）『平成14年版女性労働白書』21世紀職業財団。
厚生労働省大臣官房統計情報部（2002）『平成14年版雇用管理の実態』労務行政。
桜井絹江（1991）『新しい労務管理と女性労働』学習の友社。
塩田咲子（1993）「現代フェミニズムと労働論の再構成」高島道枝編集代表『現代の女性労働と社会政策』（社会政策学会年報第37集）御茶の水書房。
篠塚英子（1995）『女性が働く社会』勁草書房。
昭和49年度経営アカデミー人事労務コース・グループ研究（1975.3）「女子労働力の再評価に関する一考察」日本生産性本部。
昭和52年度経営アカデミー人間開発コース・グループ研究（1978.3）「働く女性の意識に関する調査――職場における女性の活性化を意図して――」日本生産性本部。
昭和54年度経営アカデミー人事労務コース・グループ研究（1980.3）「女子労働力の活用をめざして――80年代の女子管理プログラムについての一考察――」日本生産性本部。
新・日本的経営システム等研究プロジェクト編著（1995）『新時代の「日本的経営」――挑戦すべき方向とその具体策――』日本経営者団体連盟。
竹内敬子（1994）「雇用労働力の女性化と企業」竹中恵美子・久場嬉子編『労働力の女性化』有斐閣。
竹信三恵子（1994）『日本株式会社の女たち』朝日新聞社。
男女共同参画会議（2003.4.8）「女性のチャレンジ支援策について」。
電機連合（1996.7）「14カ国電機労働者の意識調査」。
東京都立労働研究所（1989）「女子情報処理技術者の就労実態――SE・プログラマーを中心として――」。
仲野美佳（1987）「新聞報道にみる女子活用」花見忠・篠塚英子編『雇用均等時代の経営と労働』東洋経済新報社。
日経連ダイバーシティ・ワーク・ルール研究会（2002.5.14）「原点回帰――ダイバーシティ・マネジメントの方向性――」日本経営者団体連盟。
日本労働組合総連合会（1996.6）「女性総合職退職者追跡調査報告」。
野畑眞理子（1994）「女性労働者――職場進出とキャリア形成――」間宏編著『高度経済成長下の生活世界』文眞堂。

パク・ジョアン・スックチャ（2002）『会社人間が会社をつぶす』朝日新聞社。
間　宏（1989）『経営社会学』有斐閣。
間　宏（1996）『経済大国を作り上げた思想——高度経済成長期の労働エートス——』文眞堂。
『ひろば』No.807（1987.2.15）。
宮地光子（1996）『平等への女たちの挑戦——均等法時代と女性の働く権利——』明石書店。
労働省（2000）「新世紀ホワイトカラーの雇用実態と労使関係——現状と展望——」。
労働省婦人少年局（1981）「女子労働者の雇用管理に関する調査（1981年調査）」。
労働省婦人少年局編（1983）『婦人労働の実情（昭和58年版）』大蔵省印刷局。
労働省婦人局編（1984）『婦人労働の実情（昭和59年版）』。
労働省婦人局（1985）「女子労働者の雇用管理に関する調査（1984年調査）」。
労働省婦人局（1987）「女子労働者の雇用管理に関する調査（1987年調査）」。
労働省婦人局（1991）「女子雇用管理基本調査——女子労働者労働実態調査（平成2年度）」。
労働省婦人局編（1995）『働く女性の実情（平成7年版）』。
労働省婦人局（1996）「女子雇用管理基本調査（平成7年度）」。
労働大臣官房政策調査部編（1995）『日本的雇用制度の現状と展望』大蔵省印刷局。
脇坂明（1993）『職場類型と女性のキャリア形成』御茶の水書房。
ワーキング・ウーマン研究所総合職研究会編（1993）『こんなはずじゃなかった！　女性総合職300人の体験手記』日本生産性本部。
渡辺峻（1995）『コース別雇用管理と女性労働』中央経済社。
21世紀職業財団（1994.3）「新規学卒採用内定等調査結果報告書」。
ILO（1995）*Yearbook of Labour Statistics*.
ILO（2002）*Yearbook of Labour Statistics*.

5 障害者雇用と企業の人的資源管理

5-1. 新しい障害者観の登場

20世紀の社会科学のなかで「障害(者)」の概念ほど変化が激しかったものはないとよくいわれている。アメリカ教育省／国立障害・リハビリテーション研究機関(NIDRR)作成の長期計画では，障害に関する新旧二つのパラダイム比較をしている(図表5-1)。それによると，「障害(者)」を個々人のインペアメント(機能障害)から医療上の問題としてとらえ，専門家が介入・問題解決していく従来のモデルから，「障害(者)」を社会・環境的問題からとらえ，アクセス，アコモデーション(調整)，権利，平等，ピア(当事者仲間)などを介入・問題解決として重視する新しいモデルへと大きく転換しつつあることが理解である。最近活発化してきている国連での障害者権利(障害者差別禁止)条約制定の動きなども，この新しい障害(者)観を基調としていることはいうまでもない。

2001年のWHO(世界保健機関)総会で採択された国際障害分類改訂版(ICF= International Classification of Functioning, Disability and Health)でも，「障害(者)」を，①心身機能・構造の障害(impairment)，②活動制限(activity limitations)，③参加制約(participation restrictions)，の三つの領域から障害をとらえ，その障害状態は環境因子や個人因子によっても異なってくる(場合によっては社会によって障害がつくられる)という社会モデルの視点を取り入れた分類体系となっている(厚生労働省障害保健福祉部, 2002)。

つまり，社会的生活上の機能制限(逆からみると「支援ニーズ」)を重視，その状態は物的環境や社会的環境の調整，人びとの社会的な態度などによっても異

図表 5 - 1　障害の新旧パラダイム比較

	「旧」パラダイム	「新」パラダイム
障害の定義	インペアメントや疾病により個人が制限されている	インペアメントをもつ個人は，生活活動を遂行する上で必要なアコモデーション（調整）を求める
障害に対応する戦略	欠損を矯正して，個人を回復させる	アコモデーション（調整）とユニバーサル・デザインを通じてアクセスを可能とし，障壁を取り除き，福祉と健康を増進させる。
障害に対応する方法	医学的，職業的，心理的リハビリテーションの提供	例えば，支援技術，人的介助サービス，ジョブコーチなどの支援の提供
介入の資源	専門職，臨床医，その他のリハビリテーション・サービスの提供者	ピア（当事者仲間），通常のサービス提供者，消費情報サービス
資格・権利の付与	インペアメントの程度にもとづく受益資格	公民権とみられるアコモデーション（調整）を受ける資格
障害者の役割	介入の対象者，患者，受益者，研究の対象者	消費者あるいは顧客，権限をもつピア（当事者仲間），研究への参加者，意思決定の主体
障害の領域	医療上の「問題」	アクセス，アコモデーション（調整），平等を含む社会・環境的問題

資料出所：NIDRR，2003

　なってくることを強調するとらえ方となっている。そして，その環境調整を社会全体の共同責任とみて人権問題も重視，また，環境調整における企業の果たす役割も大きいとみている。障害（者）の範囲・定義は，その具体化の過程では性や年齢，人種などとは異なり困難性が大きいこともあって，国や時代によっても大きく異なっているのが現状である。そのためWHOのICFは，障害状態を把握する際の世界共通言語・尺度，分類体系としてその普及が期待されている。

　日本では，こうした新しい「障害（者）」観による理解はこれからの課題としてある。「障害者基本法」では，「障害者」を「身体障害，知的障害又は精神障害があるため，長期にわたり日常生活又は社会生活に相当な制限を受ける者」と定義している。しかし，社会的支援サービス制度の対象となる障害者は，一般的には「障害者手帳」の保有者を指していることが多い。そして，その手帳

の発行に際しては，環境との関係から障害状態を把握するというよりも医者による診断で個々人のインペアメント（心身機能・構造の障害）からの把握に大きく依存しているのが現状である。そのこともあってか，国際機関などでは障害者の発生率は人口の10％というのが通説となっているが，日本ではその比率は5％と低く（内閣府，2003），障害者の範囲・定義がそれだけ狭いという点に大きな特徴がある。また，身体障害者の場合，60％以上が65歳以上の老人によって占められるなどの大きな偏りもみられる。

2002（平成14）年12月発表された政府の「障害者基本計画」では，新しい障害（者）観を取り入れ，環境調整を重視したものとなっている。すべての障害者は，社会を構成する一員として社会，経済，文化その他あらゆる分野の活動に参加する機会を与えられるべきとして，その活動制限や参加制約がある場合はその要因を積極的に除去していく（バリア・フリー）政策・支援プログラムを強調している。

65歳以上の老人や子供を除く労働年齢期間にいる障害者にとって自立・社会参加の具体化は，雇用・就業で，それだけ企業による障害者の雇用機会の提供は重要な柱となる。障害者にとっても「人間の尊厳という理想にてらし合わせて，人びとの職業生活を通しての自己実現，個性の発揮と主体性の確立がどのように可能であるか，これらの実現を阻害する要因はなにか」（岩内亮一，1975）を考えていくことが必要であることはいうまでもない。障害者雇用の基本法である「障害者の雇用の促進等に関する法律」でも「すべての事業主は，障害者の雇用に関し，社会的連帯の理念に基づき，……その有する能力を正当に評価し，適当な雇用の場を与えるとともに適正な雇用管理を行なうことによりその雇用の安定を図るように努めなければならない」と，障害者雇用に関して企業にも大きな責務があることを明記している。

近年，国民一般も障害者雇用に対する関心を高めてきている。『障害者に関する世論調査』（内閣府大臣官房政府広報室，2001）によると，企業や民間団体が行う活動として，「障害のある人々の雇用の促進」（58％），「事業所等の改善・

整備,相談体制の充実など,障害のある人が働きやすい職場環境の整備」(46%)を要望する人が,「障害のある人々に配慮した商品開発」(29%),「障害者団体などに対する寄附等の経済的支援」(20%)よりも多くなっていることが注目される。

こうした新しい障害(者)観を取り入れた政府計画の作成や障害者雇用に関する国民の関心の高まりなどがみられるものの,従来から障害の概念は「労働能力の欠如」と結びつけてイメージされやすく,障害者の問題はビジネス労働とは関係がなく,「福祉」や「恩恵」の世界の問題とみる見方も依然として根強いものがある。日本弁護士連合会人権擁護委員会(2002)は,これまでの社会福祉のアプローチは社会のなかに二つのトラックをつくり出してきたと批判している。その一つは非障害者トラックで通常の雇用サービスを受けるように設計されているが,もう一つの障害者トラックはそれとは分類され,所得,公共サービス,住宅,教育などで特殊なサービスを受けている。障害者を別トラックに排除することは,平等原則に反した少数者差別であり,社会参加にあたっては障害者も同じトラックのなかで対等な地位が保障され,平等な配慮がされなければ不公正であるとしている。

1990年に制定された「障害をもつアメリカ国民法」(ADA=Americans with Disabilities Act) は,新しい障害(者)観による障害者差別禁止法の世界モデルとなっている (NIVR, 1999)。障害者雇用については,雇用主が個々人の障害状態に配慮して雇用条件・環境改善などのアコモデーション(調整)を行うことが責務としてあることを明記している。そのこともあって,アメリカではMBAなどの人的資源管理のテキストでは,障害者差別禁止・雇用機会均等,コンプライアンス経営などの観点から,必ず障害者雇用が取り上げられている。これに対して日本の人事管理のテキストでは,現在でも障害者雇用を取り上げているものはほとんどないという大きなちがいがある。

以下では,マクロでみた障害者の雇用・就業状態と障害者雇用への企業の対応に関するいくつかの調査データの検討・分析を通して,これから日本企業も

人的資源管理体系のなかに障害者マネジメントを組み入れて，さらに障害者の雇用機会の拡大を図っていくことが課題となってきていることを明らかにする。

5-2. 障害者の雇用・就業状態

5-2-1. 障害をもつ就業者

労働年齢期間（18～64歳）に限定して障害者の就業状態をみたのが図表5－2である。日本の国の障害者統計は，就業状態の把握という点では不備が多く，労働年齢期間に限定した障害者や精神障害者の就業状態などについては十分把握できない。これまで障害者を福祉や医療の対象と考えており，労働年齢期間に限定する発想がなかったことが，こうした不備をもたらしている。ここでは労働年齢期間に限定できる貴重な東京都の統計データから障害者の雇用・就業状態についてみよう。

図表5－2から三つの障害種類（身体・知的・精神）を含む障害者全体の就業状態がわかる。障害者全体の就業率は47%，知的障害者が最も高く57%，ついで身体障害者の46%，精神障害者の28%の順である。そして，知的障害者や精神障害者の場合，「福祉的就労」が半数以上と圧倒的に多いことがわかる。これに対して，身体障害者の場合，「福祉的就労」はむしろきわめて少なく，「雇用者」や「自営業主・家族従業者」として働いている人が多い。また，身体障

図表5－2 障害者の就業状態（18～64歳）（東京都1998年）

(％, 人)

障害の種類	就業率（％）	就業者				
		合計（％, 人）	雇用者	自営業主・家族従業者	福祉的就労	その他, DK, NA
計	47.1	100.0 (1,163)	47.9	16.9	30.7	4.5
身体障害者	46.3	100.0 (659)	59.0	26.9	9.0	5.2
知的障害者	57.4	100.0 (409)	35.2	3.4	58.4	2.9
精神障害者	28.4	100.0 (95)	25.3	6.3	62.1	6.3

注：下記の資料から筆者が作成。調査対象となった18～64歳の労働年齢期のサンプル・障害者数は2470人（身体障害者1422人，知的障害者713人，精神障害者335人）で，その人数に対する就業者の比率が就業率である。
資料出所：東京都『障害者の生活実態――平成10年度東京都社会福祉基礎調査報告書（統計編）』

害者の場合,「福祉的就労」を除く,一般の「自営業主・家族従業者」が27%とかなりの比率を示していることにも注目しておくべきだろう。

「福祉的就労」は,職員（指導員など）が配置されている福祉施設である授産施設や小規模作業所で収入（工賃など）をともなう活動をしていることを指す。これは雇用関係にはないので,政府統計では「自営業主」（雇い人が1人もいない「一人親方」,「個人請負」）のカテゴリーに含まれる。もっとも授産施設における収入（＝工賃）については,「一般企業の工賃とは全く異なり,事業の結果,生まれた果実を利用者で配分する金」,つまりその「工賃の性格は配分金」と考えるべきだという見方もある（京極高宣,2002）。「福祉的就労」は,その収入（工賃など）が月平均1万円以下とあまりにも低く,それだけで一人前に経済的に自立できる額に達していないこと,また,能力発揮が十分されていない状態にあること,つまり「不完全就業」（underemployment）状態にあるという見方もある。また,支援スタッフである職員（指導員など）が常時配置された場所・条件で働く「支援者付き就業」であって,これは現在の通常の働き方（「一般雇用」）とは異なり「福祉的」という意味もある。小倉昌男（2003）は,現在,こうした「福祉的就労」からの「脱出」を図る「福祉革命」が重要課題であるとし,自ら経営実践を通して「一般雇用」の世界でも最低賃金水準をクリアした障害者の雇用機会の創出が可能であることを示している。

障害の範囲・定義の違いもあって国際比較は非常に困難がともなう（工藤正,2001,2003）。図表5－3は,障害者統計の整備が最も進んでいるアメリカのデータである。障害者とそれ以外（＝非障害者）との比較が簡単にできるように調査設計がされていることが注目される。労働年齢期間（16〜64歳）の人口の約10%が障害者であり,この比率は日本のほぼ倍にあたる。つまり,障害の発生率の違いが国によってないとすれば,アメリカは日本の倍で,障害の範囲がそれだけ広いことを示している。その点からみると日本の障害者のデータとアメリカの「重度の障害者」のデータの比較が妥当ともいえよう。アメリカの障害者の就業率は28%と前述した東京都のそれと比べかなり低い。重度の障害者につ

いてみると8％であり，その差はさらに大きくなる。障害者差別禁止法の世界モデルともなっているADAを制定しているアメリカは，障害者の就業機会の創出という点では成功していないことがわかる。日本はアメリカよりもかなり多くの就業機会をつくりだしているとみてよいだろう。しかし，「福祉的就労」を除き「雇用者」だけに限定すると，アメリカとの差は小さくなる。

図表5－3 アメリカの障害者と非障害者の労働力状態（16～64歳）の比較
　　　　　——2000年労働力調査（CPS）から

障害の有無	人数（千人）	労働力率（％）	就業（Employment）率（％）		非労働力（％）	失業率（％）
			計	フルタイマー		
非 障 害 者	159,356	82.1	78.0	65.0	17.9	4.2
障　害　者	17,089	30.5	27.6	18.6	69.5	9.5
うち，重度の障害者	11,306	10.1	8.3	3.4	89.9	17.7

資料出所：U. S. Census Bureau, *Current Population Survey 2000.*

図表5－3のアメリカのデータは，労働市場における状態を示す基本指標である「労働力率」や「失業率」の両指標とも障害者と非障害者の格差が大きいことを示している。日本では，この両指標とも算出できるような障害者統計の整備がされていないので，この「失業率」の代理として公共職業安定所（ハローワーク）の「有効求職者」数が利用されている。2003（平成15）年3月現在の障害者の有効求職者合計は15万5000人（身体障害者11万1000人，それ以外の障害者4万4000人）にも達しており，近年，増加傾向を示している。また，『学校基本調査』から，盲・ろう・養護学校高等部の卒業生は毎年約1万人，進学者は少なく，「福祉的就労」を除く「一般雇用」への就職率も20％台と低いことがわかる。これらのデータからも障害者の求職者が多く，その就職が難しい状態にあることがわかる。障害者の場合，雇用・就業の環境調整がもっとすすめば働いてみたいと考えている人（現在の政府統計では「非労働力」に分類されている）が多くいるため，それらを含めると求職者数はもっと多いとみてよい。

5-2-2. 障害をもつ雇用者

就業者のなかでも「自営業主・家族従業者」や「福祉的就労」を除いた「雇

用者」の全体的状況についてみておこう。厚生労働省障害者雇用対策課からこれまでに公表されているいくつかの最新データをつなぎあわせ，障害（身体障害と知的障害）をもつ常用雇用者の全体状況をみたのが図表5－4である。ただし，ここには精神障害者は含んでいない。

図表5－4によると，障害をもつ常用雇用者の総数は民間と公共部門をあわせて50万3000人である。そのうち，重度障害者は32％と約1/3を占めている。現在，障害者雇用率制度が適用されている56人以上の民間企業と公共部門等での雇用者数はあわせると21万9000人，うち重度障害者が占める比率は35％である。そして，その障害者雇用率制度の適用状況を，常用雇用者ベースでみると45％（＝21万9000人／50万3000人×100）と半数に満たないことがわかる。つまり，障害をもつ常用雇用者の半数以上が雇用率制度が適用されない56人未満の民間の小企業で雇用されている（工藤正，2002）。

民間事業所の5人以上の障害をもつ常用雇用者46万5000人のうち，身体障害者は85％と多くを占め，残り15％が知的障害者である。ここでは表示していないが，身体障害者のなかでは，「肢体不自由者」が最も多く（21万4000人），ついで「聴覚・言語障害者」（6万人），「内部障害者」（5万9000人），「視覚障害者」（4万3000人），「重複障害者」（1万5000人）の順となっている。

図表5－4 身体障害者と知的障害者の雇用者の現状（1998～2002年）

（千人）

調査の種類・年	障害をもつ常用雇用者の人数	うち，重度障害者
A．5人以上の民間事業所調査　　（98年）	465	152
身体障害者	396	132
知的障害者	69	20
B．56人以上の民間企業調査　　（02年）	181	65
C．公共部門の調査　　　　　　（02年）	38	11
合計（＝上記のA＋C）	503	163

資料出所：Aは労働省障害者雇用対策課『平成10年度雇用実態調査結果報告書』，BとCは厚生労働省障害者雇用対策課「障害者雇用状況報告」（2002年6月現在）から作成した。「公共部門」には国，地方公共団体，特殊法人，都道府県教育委員会等を含む。

図表5-5は民間企業に限定して，1993～2002年の9年間の障害者雇用率制度の実績についてみたものである。途中，法定雇用率が1.6%から1.8%へ高くなり，また，法の適用対象企業が従業員規模63人以上から56人以上へと拡大している。

図表5-5から以下のことがわかる。① いろいろな条件が複雑にからみながらも「実雇用率」（実際の雇用率）は一貫して上昇してきたが，2002年でははじめて下降した。② 法定雇用率未達成企業の割合は，99年以降半数を超え，しかもその比率は上昇し続けている。③ この間，対象企業の常用労働者総数は2%減少であったのに対して，障害者総数は3%減少と大きい。ピークの01年でも障害者の総数は18万9000人で，この間ほとんど変化していない。④ 障害者のなかでも非重度障害者が12%の減少であるのに対して，重度障害者は20%増加しており，両者で逆の傾向を示している。⑤ この9年間，重度障害者は一貫して増加傾向を示しており，障害者全体に占める比率も29%から36%へと増加してきている。

ここでは表示していないが，企業規模別にみた未達成企業の割合は大規模企

図表5-5 民間企業における障害者雇用率制度の実績-1993年～02年-

調査年月 各年6月	実雇用率 （%）	雇用率未達成 企業の割合 （%）	重度障害者 の人数（人） A	非重度障害者 の人数（人） B	障害者の総 数（人） ＝A＋B	対象企業の 常用労働者 の総数（人）
93（平成5）	1.41	48.6	54,267	132,451	186,718	17,072,450
94（平成6）	1.44	49.6	57,211	130,926	188,137	17,076,807
95（平成7）	1.45	49.4	59,120	128,837	187,957	16,982,514
96（平成8）	1.47	49.5	60,722	126,538	187,260	16,925,077
97（平成9）	1.47	49.8	62,362	125,306	187,668	16,999,645
98（平成10）	1.48	49.9	63,858	123,727	187,585	17,008,306
99（平成11）	1.49	55.3	65,366	123,830	189,196	17,108,973
00（平成12）	1.49	55.7	65,536	121,764	187,300	16,914,715
01（平成13）	1.49	56.3	66,293	120,284	186,577	16,936,056
02（平成14）	1.47	57.5	65,179	115,926	181,105	16,749,384

注：1993～98年は法定雇用率は1.6%で企業規模63人以上，99年以降は法定雇用率は1.8%で企業規模56人以上の企業が対象である。下記の資料をもとに筆者が作成。
資料出所：厚生労働省・障害者雇用対策課『障害者雇用状況報告』（各年6月現在）

業ほど高く，このことがよく批判される。2002年のその割合は，56～99人規模の企業で55%，100～299人規模56%，300～499人規模61%，500～999人規模66%，1000人以上規模72%である。しかし，02年の障害者総数18万1000人のうち，300人以上の大企業の障害者数は12万2000人で，67%も占めており，大企業が障害者雇用に大きく貢献していることにももっと留意すべきだろう。この点からみると，障害者雇用率制度は大企業向けの制度であることがよくわかる。

障害者雇用率制度はアファーマティブ・アクション（積極的差別撤廃措置）の1種であるが，法定雇用率の未達成企業から納付金を徴収，それを原資として障害者雇用にともなう職場環境改善などのコスト負担を軽減，企業間で調整するための制度・機能をあわせてもっている。こうした企業の社会的連帯で障害者雇用を拡大していく民間の仕組みは，政府への依存を少なくして，財政効率のうえからもメリットが大きいといわれている。しかし，近年，実雇用率の低下などもあって，その制度の弱点も無視できなくなってきている。

雇用率制度の弱点として，Waddington (1995)，NIVR (2002b) は以下の七つをあげている。① 制度を運営するうえで障害者というラベル・烙印付けをともなう。② 企業の態度は，障害者雇用よりも納付金の選択を好む。③ 納付金の金額を増加させるなど制度を強制・強化するための効果的制裁を設定することが難しい。④ 雇用の質ではなく量的規制であるため低賃金や不完全雇用を温存しやすい。⑤ 多種類・多様な障害者のニーズに対応することが難しく「切れ味の悪い道具」である。⑥ 障害者雇用を拡大・促進したという証拠はない。⑦ 完全雇用の状態では機能するが，経済不況下では効果が減殺されてしまう。そして，障害者雇用率制度は，障害者差別禁止法制などによってさらに補完されなければならないという。

前述した通り，日本の障害者雇用率制度も，経済不況下のこの9年間でその制度の対象となった障害者総数の増減はあまりなく，未達成企業の割合はむしろ増加しており，上記の弱点があてはまることも多くみられる（手塚直樹，2000）。また，近年，障害者雇用率の達成ではなく，納付金を選択する企業行動を訴

えた株主代表訴訟や情報公開法にもとづく企業別実雇用率一覧の公表の動き（法人株主オンブズマン，2003; DPI，2003）などがあり，あらためて障害者雇用率制度のこれからの運営・改善，企業の対応が注目されてきている。

5-3. 障害者雇用に対する企業の対応

5-3-1. 障害者を雇用するうえでの不安

企業にとって障害者雇用率制度は法的環境の一つであり，そのクリアは目標であっても障害者雇用にともなう不安が多くある。障害者の雇用上の課題をもつ事業所は70％以上と多い。その具体的課題を身体障害者と知的障害者に分けてみたのが図表5－6である。両障害ともに，課題の第1位は「会社内に適当な仕事があるか」，第2位は「職場の安全面の配慮が適切にできるか」である。第3位以降については，両障害で異なる。身体障害者の場合，「採用時に適性，

図表5－6 事業所からみた障害者雇用上の課題（事業所の割合）（三つまで）

(％)

項　目	身体障害者	知的障害者
労働意欲・作業態度に不安	16.6	28.8
社内における障害についての理解・知識が得られるか	17.4	24.2
採用時に適性，能力を十分把握できるか	28.8	28.4
会社内に適当な仕事があるか	68.8	68.1
給与の設定をどうするか	6.8	6.0
通勤上の配慮はいらないか	139	10.8
採用後の処遇をどうするか	6.9	6.0
職場定着上の問題について外部の支援が得られるか	2.6	3.1
設備・施設の改善をどうしたらよいか	26.9	8.1
職場での援助者がいないか	13.5	22.4
職場の安全面の配慮が適切にできるか	42.5	38.7
仕事以外の生活面等の問題への対応がいらないか	4.0	7.9
作業能力低下時にどのようにしたらよいか	12.2	12.8
雇用継続困難な場合の受け皿があるか	16.6	14.8
その他	1.7	1.6

注：事業所単位の回答結果である。障害者の雇用上の課題が「ある」と回答した事業所を分母とした比率である。
　　身体障害者については「ある」と回答した事業所は73％，知的障害者については73％であった。
資料出所：労働省障害者雇用対策課『平成10年度障害者雇用実態調査結果報告書』（平成12年3月）

能力を十分把握できるか」(29%), 「設備・施設の改善をどうしたらよいか」(27%) があげられている。知的障害者の場合,「労働意欲・作業態度に不安」(29%), 「採用時に適性,能力を十分把握できるか」(28%), 「職場での援助者がいらないか」(22%) などがあげられている。第2位以降は,採用後における配慮・対応の経験・知識・ノウハウなどの不足からうまれてくる不安である。

第1位の「会社内に適当な仕事があるか」の回答の高さは,障害者の採用・雇用にあたっては,障害種類ごとの特性や職種・職務の特性をそれぞれ固定的に考え,両者をマッチングさせて,「わが社には障害者に適合する職種・職務がない。だから障害者を採用することができない」と決めてしまう企業が多いことを示しているのであろう。しかし,新しい障害(者)観からすると,環境との関係を重視して障害種類や状態について固定的ではなく柔軟に把握すべきであり,また,職務再設計を含め担当する職務を柔軟に考えていくアコモデーション(調整)こそが重視されてきているのである。この点を考慮するとこの障害者雇用に対する企業の認識・理解は不十分ともいえる。

障害者雇用率を達成している大企業のなかには,「社内雇用率制度」ともいうべき制度を導入,障害者を採用するにあたって障害者に適合する部門が会社のどこの部門にあるかを検討,探すアプローチではなく,各部門が最低1人以上の障害者を受け入れることを前提条件として各部門で障害者雇用について工夫,考えることを強制,その部門の活動・努力を本社人事管理部門が支援していく仕組みをつくっているところがある(厚生労働省監修・高齢・障害者雇用支援機構編,2003)。そこにみられる発想は,障害特性や職務特性をあらかじめ事前に固定的に考えていくものとは対極にある考え方,対応といえる。つまり,新しい障害(者)観に依拠したアプローチといってよい。

また,従来よくみられた業種・職務の特性から障害者雇用の難易を議論する考えが,近年,後退してきていることにも注目すべきであろう。従来から障害者雇用率制度の運営で,鉱業,運輸・運送業,教育関係などの産業・業種では障害者を雇用するには他よりも困難をともなうことが多いという特性があると

考え，雇用率をカウントする際に分母の従業員総数を減じる措置（＝「除外率制度」）をとってきていたが，現在，この措置も縮小・廃止の方向が決定，進展してきている（厚生労働省障害者雇用対策課，2003）。さらに，資格・免許制度の運営でも，障害を理由として最初から排除する欠格条項の見直し，撤廃が進んできている。こうした近年の動きは，技術革新の結果，肉体的負荷の大きな業種・職務が少なくなってきていろいろな広範囲の分野での障害者雇用が進展してきていること，障害をもっていても環境調整・対応（アコモデーション）によって障害者の就業できる分野が拡大してきていること，障害と業種・職種の双方を固定的にとらえそのマッチングを考えるという従来の観念的見方が後退してきていることを示しているのだろう。障害に対する固定的・観念的な考え方は，場合によっては「障害者差別」や「障害者の人権侵害」ともなりかねないのである。

5-3-2. 障害者への配慮事項

新しい障害（者）観では，環境との関係から障害状態を把握するので，環境調整・対応（アコモデーション）などの企業が行う配慮行動はきわめて重要なことになる。事業所が実施している配慮事項の現状と今後について，身体障害者と知的障害者に分けてみたのが図表5－7である。

両障害とも，第1位は「工程の単純化等職務内容の配慮」，第2位「業務遂行を指導，援助する者の配置」である。しかし，身体障害よりも知的障害でその水準が高いことに留意すべきであろう。第3位は両障害で異なり，身体障害の場合，「職場での移動や作業を容易にする施設・設備・機器の改善」(34%)，知的障害の場合，「職業生活に関する相談員の配置，委嘱」(18%)で，障害状態への対応の違いを反映しているとみることもできよう。

次に，配慮事項の現状と今後の回答差の大きさに注目してみよう。この差が大きいほど今後重視していこうと考えている項目と解釈できるからである。両障害とも「研修・教育訓練の実施等能力開発への配慮」，「職業以外を含めた生

活全般に関する相談員の配置,委嘱」をあげ,そのポイントは知的障害で高い。身体障害の場合,「手話通訳の配慮等コミュニケーション手段への配慮」,知的障害の場合,「休養の確保,カウンセリングの実施等健康管理の配慮」などをあげる事業所もある。これに対して,現状で多くの事業所が対応している「工程の単純化等職務内容の配慮」や「業務遂行を指導,援助する者の配置」などの項目については,今後実施するとする事業所は当然少なくなるが,それでも1/4～1/3と多くの事業所が今後実施する項目としてあげていることにも留意すべきで,障害を配慮した企業の基礎的な対応がまだ不十分な状態にあることを示しているのであろう。

図表5-7の配慮事項の選択肢としては明確に記述されていないが,以下に述べる障害を配慮した多様な雇用や勤務形態の創出もこれからは重要となろう(NIVR, 2002a)。

入職初期の段階での障害を配慮した雇用形態として「トライアル雇用」(対

図表5-7 事業所からみた障害者雇用上の配慮事項(事業所の割合)

該当するもの全て(％)

項　　　　目	身体障害者		知的障害者	
	現在	今後	現在	今後
職場での移動や作業を容易にする施設・設備・機器の改善	33.8	33.9	16.4	19.1
フレックス・タイム制の導入等労働時間の弾力化	18.1	12.8	8.7	5.1
通勤を配慮した住宅の確保	4.7	2.7	2.2	1.2
送迎バス,専用駐車場の確保等通勤手段への配慮	20.9	10.3	13.5	8.3
工程の単純化等職務内容の配慮	49.9	32.9	65.8	34.9
手話通訳の配慮等コミュニケーション手段への配慮	11.8	16.6	5.3	6.8
業務遂行を指導,援助する者の配置	34.5	23.5	50.6	32.4
職業生活に関する相談員の配置,委嘱	17.0	15.0	17.8	16.7
職業以外を含めた生活全般に関する相談員の配置,委嘱	6.0	11.9	8.3	19.1
研修・教育訓練の実施等能力開発への配慮	10.4	20.2	4.6	19.8
休養の確保,カウンセリングの実施等健康管理の配慮	18.8	17.6	11.8	17.4
その他	8.3	5.1	3.6	2.7

注:事業所単位の回答結果である。障害者への雇用上の配慮を「している」と回答した事業所を分母とした比率である。身体障害者については「している」と回答した事業所が70%,知的障害者については83%であった。
資料出所:労働省障害者雇用対策課『平成10年度障害者雇用実態調査結果報告書』(平成12年3月)

象者は年間約2000人）や「ジョブ・コーチ付雇用」（対象者は年間約2000人）がある。前者は採用前の職場実習とは別で，雇用契約を3カ月間の有期に限定し，その間に障害者と企業の双方が仕事や能力・適性の理解を深め，契約終了後に常用雇用へと繋げていく雇用の形態である。後者は，企業外部の専門・技術スタッフであるジョブ・コーチが職場に出向き，その支援を受けながら働く雇用の形態で，支援期間は標準的には2～4カ月位で，その後はフォローアップなどの必要に応じて随時・継続的支援へと切り換わる。そして，ジョブ・コーチによる支援の具体的内容は，障害をもつ従業員に対しては仕事に適応する（作業能率を上げる，作業のミスを減らす）ための支援，人間関係や職場でのコミュニケーションを改善するための支援などである。また，職場の上司や仲間に対しても，障害を適切に理解し配慮するための助言，仕事の内容や指導方法を改善するための助言・提案を行っている。さらに，障害をもつ従業員の家族に対しても障害をもつ従業員の職業生活を支えるための助言などを行っている。

　物理的環境整備を含め障害を配慮した雇用組織として，日本企業の独自方式である「特例子会社」がある。そこでは最低賃金をクリアしながら重度障害者を多く雇用しており，一定の条件のもと親会社の障害者雇用率のカウントの際に含めることができるというメリットもある。また，そこでは親会社からの一定量の発注があるということもあるが，「極度の効率化は抑制されており，障害者同士が相互に助け合う関係をつくり，職場でのストレスを抑える」組織をつくり出している（NIVR, 2002a）。現在，特例子会社は130社，約5000人の障害者を雇用している。

　それ以外にも，勤務時間や勤務場所からみた多様化もある。週20時間以上30時間未満の「短時間労働者」（障害者雇用率のカウントの際，重度の場合1人とカウント），ITの進展にともなって内職などの業務請負ではなく雇用者として「在宅勤務」するケースもでてきている。「短時間労働者」や「在宅勤務」などは障害の状態に応じて柔軟に働くことができるという点では，障害をもつ従業員にとってのメリットは大きいが，現在のところそれほど普及していない（日本

障害者雇用促進協会，2003)。

5-3-3. 障害者のキャリア形成

障害をもつ従業員の勤務先や仕事への継続志向について，全国規模の調査である「障害者のキャリア形成に関する調査」の結果（障害者のキャリア形成に関する研究会／NIVR, 2002）からみたのが図表5－8である。この調査は障害をもって入社した従業員を対象としており，入社後に途中で障害をもった従業員は含まれていないので留意されたい。

「今の会社で，今と同じような仕事を続けたい」とする人が70％と多く，とくに50歳以上の年齢層で多くみられる。しかし，40歳未満の年齢層でも2／3強の人が，「今の会社で，今と同じような仕事を続けたい」としている。「今の会社で，今とは別の仕事をしたい」（13％）を加えると，「今の会社」で雇用継続を希望する人は83％と，非常に高い比率となる。

「今とは別の仕事」をしたい人は，「今の会社で，今とは別の仕事したい」（13％）と「別の会社で，今とは別の仕事をしたい」（10％）を合わせても23％である。この比率は40歳未満の比較的若い年齢層で高い。

障害をもつ従業員の勤務先の継続志向では，「今の会社」で雇用継続を希望する人が83％と非常に高い。他方，「今とは別の仕事」をしたい人は1／4と

図表5－8　会社組織・仕事継続志向──障害をもつ従業員個人調査

(%)

年齢階層	計 (%，人)	今の会社で，今と同じような仕事を続けたい	今の会社で，今とは別の仕事をしたい	別の会社で，今と同じような仕事をしたい	別の会社で，今とは別の仕事をしたい
合　計	100.0 (1,637)	70.4	13.0	4.0	9.5
～29歳	100.0 (436)	67.9	14.0	4.8	10.8
30～39	100.0 (423)	66.2	15.1	4.5	11.6
40～49	100.0 (372)	71.5	15.1	2.7	8.3
50～59	100.0 (319)	75.9	8.8	2.5	8.2
60歳～	100.0 (71)	83.1	2.8	8.0	2.8

注：合計には「不明・無回答」を含む。
資料出所：障害者のキャリア形成に関する研究会・障害者職業総合センター，2002

少ない。障害者の就職や転職がとくに困難であるということもあって，実現できるかどうかは別として勤務先や仕事内容で，現状を維持したいと希望している人が非常に多いことがわかる。

また，同じ従業員調査結果から，現在の企業へ入社してから現在にいたるまでの間におけるキャリア形成の実態を，「訓練・能力開発機会の有無」や「配置転換・昇進経験の有無」などからみてみると，以下のことがわかる。

「訓練・能力開発」の領域では，「就職時の職場実習」の経験者は40％，「入社1年目に訓練・能力開発」を受けた人は43％である。通常，訓練機会が多くある入社1年目までと限定しても，その経験者は半分以下と非常に少なかった。入社2年目以降では経験者の比率はさらに低下，「社内の集合研修」の経験者が38％，「社外の集合研修」が18％であった。日本企業ではOJTはほとんどの従業員が経験しているはずだが，「仕事をしながらの訓練・能力開発」の経験者は34％にすぎなかった。「技術革新対応の特別訓練」の経験者9％，「自己啓発学習への資金・時間的援助」を受けた経験者は15％であった。

日本企業では頻繁な配置転換を特徴としているが，障害をもつ従業員の場合，どの「配置転換」の形態をとっても経験者は少なく1/3以下であった。配置転換の形態別にみた経験者比率では，第1位は「同じレベルで他の仕事への異動」（33％），ついで「事業所内部課間異動」（28％），「より困難な仕事への異動」（18％），「事業所間異動」（17％），「より楽な易しい仕事への異動」（9％），の順であった。なお，昇進についてみると，「課長クラス以上の管理職への昇進」をした人は5％，「現場監督者（含む係長，班長）へ昇進」した人は8％であった。

以上，従業員調査結果からみると障害をもつ従業員の「今の会社」への雇用継続希望は非常に強いが，他方で「訓練・能力開発」や「配転・昇進」などの経験者が少なく，キャリア形成が不十分であると予想できる。こうした現実は，事業所があげている「これからの障害者のキャリア形成支援の課題」と対応していることがわかった（障害者のキャリア形成に関する研究会／NIVR，2002，「事

業所調査結果」）。すなわち，事業所側があげている項目としては，第1位「本人の能力向上・学習意欲の向上」（72%），第2位「いろいろな種類の仕事を経験させる」（46%），第3位「職業能力・訓練機会の拡大」（41%）であった。第1位と第2位については，企業規模によってあまり差はみられなかったが，第3位の「職業能力・訓練機会の拡大」については，とくに大規模企業ほど高い回答率で，障害者雇用率をクリアするにはこの課題が大きいことを示している。また，障害をもつ従業員の多くが希望している現在の勤務先や仕事への継続を実現していくには，企業が行う障害者のキャリア形成支援管理も重要となることを示している。

　アメリカにおける企業の障害者対応を調査したSHRM（1998）をみても，障害者の雇用や昇進のバリアとして障害者の「関連する経験の不足」（51%），「必要な技能や経験の不足」（40%）をあげる企業が多く，「訓練のコスト」（10%），「監督・指示のコスト」（12%），「アコモデーション（調整）コスト」（16%）をあげている企業はむしろ少なかったことが注目される。

　ILOの「職場において障害をマネジメントするための実績綱領」（ILO，2001）においても，「障害のある労働者も，自分のキャリアを向上させるのに必要な技能や経験を獲得する機会を，職場の他の労働者と同等に与えられるべきである」としている。また，前述の障害者雇用率制度のデメリットでも述べているように，障害者雇用を単に量の問題と考えるのではなく，雇用の質的側面に注目すると，入社後の配置・昇進や訓練・能力開発などキャリア形成支援は企業と障害をもつ従業員の双方にとって重要なテーマとなっていることは間違いない。

5-4. これからの企業の課題

　現代の企業には，環境や人権，労働などに配慮する社会的責任（CSR＝Corporate Social Responsibility）を重視したコーポレート・ガバナンスが求められてきており，企業のコンプライアンス（法令・倫理等遵守）はその重要な前

提条件である。これらの背景には，企業の永続的・安定的な成長にはこうした社会的・倫理的な行動をとることが不可欠な課題となってきているというステークホルダー（企業経営とかかわる利害関係者）の意識変化があるだろう。それは，経済同友会（2003）が指摘するように「企業を社会の公器」とあらためて位置づけ，「市場そのものを〈経済性〉のみならず〈社会性〉〈人間性〉を含めて評価する市場へと進化させる」企業行動が重要となってきているということであろう。これからの障害者雇用についてもこうした視点から対応することが企業に求められてきている。

日本では，「障害者雇用促進法」で，企業が社会的連帯の理念のもとで障害者雇用をすすめることをうたっており，その実現の一つの手段として法定雇用率を設定しているが，近年，「実雇用率」の低下，「未達成企業割合」の増加傾向がみられ，その達成が困難な状況に陥っている。他方，株主代表訴訟，企業別の「実雇用率」一覧表の公表，国連を中心として障害者差別禁止の権利条約促進の動き等の障害者雇用をめぐる経営環境は大きく変化してきている。障害を配慮した雇用条件・職場環境の調整を積極的にすすめ雇用機会を拡大していく障害者マネジメントを含む人的資源管理の展開が，現代の企業にとって不可欠な課題となってきているのである。

ILO（2001）では「職場における障害関連の問題をマネジメントする場合，雇用主は，全体的雇用方針の不可欠な部分として，また，とくに人的資源開発戦略の一部として，障害をマネジメントする戦略を採用すべきである。この戦略は，従業員援助プログラムがある場合にはそれに関連づけたものにするべきだろう」と，通常の人的資源管理の体系とリンクさせながら障害者マネジメントを組み込むことを強調している。つまり，それは障害者に対するアクセス，アコモデーション（調整），権利，平等などを保障していく行動を人的資源管理に組み込むことを意味しているのだろう。そして，その対象者は，在籍者だけでなく休職後の職場復帰希望者，求職者，未就業経験者も含むべきだとし，これまでよりも広い範囲での企業・職場の社会的な役割拡大についても述べて

いる。企業はこれまでのように狭い意味での雇用機会だけでなく，職業リハビリテーションや訓練の場所の提供も求められるように変化してきているといってよいだろう（工藤正，2000）。

日本では，現在，障害者のなかでも精神障害者や入社後障害をもった中途障害者に対する雇用面での取り組みが非常に遅れている。精神障害者については，長く医療・保健の問題に限定されてきたこともあって，「雇用・就業」や「福祉」での対応には大きな遅れがみられる。たとえば，現在の法定雇用率制度のもとでは精神障害者は雇用義務の対象とはなっていないし，また，実際に雇用していてもカウントされない。また，企業ではリストラや成果・業績主義管理の進展にともない入社後に精神障害やその周辺の障害をもつ人も多く発生しているが，それに十分対応するためのノウハウの蓄積もなく，社会的支援サービスも受けられず，職場で問題が拡大したり，離職していく人も多いともいわれている。「企業を社会の公器」と考えれば，企業においてもメンタル・ヘルス，勤務時間の調整，職務の再設計，通院や服薬管理の便宜，医療を含め地域のサービス機関との連携など積極的な対応が求められているといえるだろう。近年，成人病との関連で，精神障害者以外の中途障害者も増加してきているので，こうした新しい対象者を含め障害者マネジメントを含む人的資源管理の展開が求められているし，そうした積極的対応をする企業に対する相談や情報提供などの社会的支援制度の整備も重要な課題としてある。

現在，日本では企業の障害者雇用にともなうコスト増加に関しては，それを軽減するための社会的支援制度は一応整備されてきている。つまり，障害者雇用率・納付金制度による未達成企業から徴収した資金を原資として，多くの障害者を雇用している達成企業には使途を限定しない「調整金（報奨金）」の支給，積極的に職場環境改善などをする企業には申請により使途が限定された各種の助成金の支給制度等がある。しかし，前述した通りこれまでの障害者雇用実績からみるかぎり，こうした部分的なコスト軽減策だけでは限界があることも明らかである。これから雇用率対象企業の「実雇用率」をさらに上げ，「雇

用率未達成企業」を減少させ，全体として障害者の雇用機会をさらに拡大していくには，それぞれの企業が自らコスト負担していくことが求められている。それぞれの企業が採用，雇用継続，キャリア形成支援（昇進・訓練），環境調整を含めた障害者マネジメントを人的資源管理とリンクさせながら独自に工夫・開発していくことが必要な段階にきている。そのなかには，労働組合の参加などによる労使関係の枠組みの活用，職場の仲間のナチュラル・サポートや地域のボランティアによる人的サポートなど既存資源の積極的な活用も射程に入れておくべきだろう。グローバルな活動をする企業にとっては，女性の雇用機会均等化の流れと同様に，コンプライアンス経営の視点から障害者雇用についても企業は障害者雇用率をクリアできなければ納付金をおさめていればよいという消極的対応ではすまされない時代にきているように思う。　　　【工藤　　正】

参考文献

岩内亮一（1975）「職業の社会学的研究」岩内亮一編著『職業生活の社会学』学文社。

小倉昌男（2003）『福祉を変える経営 ── 障害者の月給1万円からの脱出 ──』日経BP社。

京極高宣（2002）『障害を抱きしめて ── 共生の経済学とは何か ──』東洋経済新報社。

工藤正（2000）「障害者の就業支援サービス」『リハビリテーション研究』No.101，日本障害者リハビリテーション協会。

工藤正（2001）「主要先進国における障害者の就業状態」『リハビリテーション研究』No.106，日本障害者リハビリテーション協会。

工藤正（2002）「障害者雇用」『日本労働研究雑誌』No.501，日本労働研究機構。

工藤正（2003）「政府統計からみた障害者の雇用・就業状態」『障害者雇用政策の実情と我が国の取り組むべき課題』（参議院第三特別調査室委託調査報告）。

経済同友会（2003）『「市場の進化」と社会的責任経営 ── 企業の信頼構築と持続的な価値創造に向けて ──』（第15回企業白書）。

厚生労働省障害保健福祉部（2002）『国際生活機能分類・国際障害分類改定版（日本語版）』http://www.mhlw.go.jp/houdou/2002/h0805-1.html

厚生労働省障害者雇用対策課（2003）『障害者雇用対策基本方針』。この文章には「事業主が行なうべき雇用管理に関して指針となるべき事項」を含む。

厚生労働省監修・高齢・障害者雇用支援機構編（2003）『障害者雇用ガイドブック（平成15年版）』雇用問題研究会。

障害者インターナショナル［DPI］日本会議（2003）情報公開資料：
http://www.pi-japan.org/2issues/2-10/list/00.htm 東京労働局より開示された障害者雇用未達成企業（平成12年度東京都内の企業）を掲載。
障害者職業総合センター［NIVR］（1999）『欧米諸国における障害者の雇用政策の動向』（NIVR資料シリーズ，No.21）
障害者職業センター［NIVR］（2002a）『障害者の職業の多様化とセーフティネット』（NIVR調査研究報告書No.48）
障害者職業総合センター［NIVR］（2002b）『障害者の雇用率・納付金制度の国際比較』（NIVR資料シリーズ，No.26）。本書には，Waddington（1995）The Quota System, *Disability, Employment and the European Community*, METRO の抄訳を含む。
障害者のキャリア形成に関する研究会／障害者職業総合センター［NIVR］（2002）『障害者のキャリア形成に関する調査集計結果報告書』。全国規模の調査で，事業所調査の集計対象は519事業所，個人調査の集計対象は1637人である。
手塚直樹（2000）『日本の障害者雇用 —— その歴史・現状・課題 —— 』光生館。
内閣府大臣官房政府広報室（2001）『障害者に関する世論調査』
http://www8.cao.go.jp/survey/h13/h13-shougai/index.html
内閣府編（2003）『平成15年版障害者白書』国立印刷局。
日本障害者雇用促進協会（2003）『障害者の多様な雇用就労形態に関する研究調査報告書』
日本弁護士連合会人権擁護委員会編（2002）『障害のある人の人権と差別禁止法』明石書店
法人株主オンブズマン（2003）情報公開資料：
http://www1.neweb.ne.jp/wa/kabuombu/index.html 大阪労働局より開示された企業別障害者雇用率を掲載。
ILO（2001）Code of practice on managing disability in the workplace（松井亮輔・池田尉訳『職場において障害をマネジメントするための実践綱領』ILO東京支局）。職場を中心とした環境整備のガイドラインを提示，雇用主，労働組合，政府などの役割を明らかにしている。
Society for Human Resource Management［SHRM］/Cornell University School of Industrial & Labor Relations（1998）The ADA at work: Implementation of the employment provisions of the Americans with Disability Act. 本書は，アメリカの人的資源管理協会のメンバーである企業の人事担当者を無作為に抽出（1402人），ADAの職場での対応に関する調査を実施，その結果をまとめたものである。
The National Institute on Disability and Rehabilitation Research［NIDRR］（2003）NIDRR's Long-Range Plan http://www.cessi.net/nidrrlrp/index.htm

6 海外日系企業の人的資源管理

はじめに——競争優位と国際人的資源管理

　国際市場でのメガ・コンペティションにおいて日本企業は，世界各地に生産拠点網や販売拠点網を展開し，それらのネットワークの組織化と運営システムの確立により，競争優位を実現しようとしている。国際的な競争優位の実現のために，企業の人的資源の管理のあり方は戦略的に重要となる。つまり，人的資源のモチベーション，モラール，能力開発の向上などの人材戦略が，いかに競争環境の激しい変化に対応するかにより，組織全体の生産性が左右されるのである。日本企業は海外子会社での事業運営を通じて，国際人的資源管理はどうあるべきかについて，模索しながら組織学習をしている。これらのことを踏まえて，国際化と人的資源，日本人駐在員，ローカル従業員について，在アジア日系企業のヒアリング調査を織り込みながら，論じることにする。

6-1. 国際化と人的資源

6-1-1. 日本企業の海外展開と人的資源管理の多様化

　日本企業の海外展開と一口にいっても，製造業に属する企業の海外事業であるのか，それとも非製造業に属する企業の海外事業であるのかによってその内容は異なるであろうし，同様に，人的資源管理のあり方も異なるであろう。それはともかく，製造業に属する日本企業の海外展開は，製品輸出の段階から，海外現地生産段階，多国籍化段階を経て，多国籍化の進展によって形成されたグローバルネットワークを活用するグローバル化段階へといたってきている。海外事業を展開する企業は，各自の海外経営戦略や経営判断にもとづいてさま

ざまな国際化プロセスを経ているが，電気機器産業や自動車産業などの大規模メーカーのうち，グローバル段階にいたっている企業は多い。そして，企業の海外展開の進展段階は人的資源管理に影響し，関連しているという見方がある。たとえば，製品輸出の段階では，海外での積極的な製品販売のために語学力とセールス能力のある人的資源開発が主要な課題となる。海外現地生産の段階では，海外子会社への生産システムをはじめとする経営ノウハウを移転するために，子会社の管理能力のある海外派遣者，ローカル（現地人）の技術者，熟練労働者の人的資源管理が重要となる。多国籍化の段階では，全社的視点または事業部の視点から海外事業を展開し調整することが課題となるため，国際マネジャーとなりうる海外派遣者，ローカルマネジャーの人的資源管理がとくに重視される。グローバル化段階では，グローバルネットワーク，海外子会社の自律的経営，ライバル企業との戦略的業務提携といったグローバルかつローカルの両面での経営管理能力をもったグローバルマネジャーの人的資源開発が求められる（桑名ほか，1996, 102〜103頁）。

しかしながら，海外日系企業はアジア地域，北米地域，ヨーロッパ地域，その他全世界に展開しており，それぞれの国の社会的，経済的発展段階は異なる。その国特有の文化，宗教，教育制度などがあり，そこで働く人びとのビジネスに対するスタンス，ニーズは一様ではない。企業にとって，海外での経営環境は多岐にわたることから，海外展開の段階と人的資源管理を一義的，統一的に論じることが可能なのか，現実的であるのか，整合的であるのかは疑問がないわけではない。それに加えて，日本企業は海外事業活動の進展にともなって，海外派遣者に対してにせよ，ローカル従業員に対してにせよ，人的資源管理のベースとなる企業経営に関するマネジメント思考方法を迅速に変化させるほどフレックスでない。ただ，国際化および情報化により，日本企業は確実に人的資源管理の多様化・戦略化をせまられている。

6-1-2. 海外子会社管理のあり方と人的資源管理

　海外日系企業の人的資源管理は，直接的にせよ間接的にせよ，日本本社の影響下にある。海外子会社の管理組織機能の役割を演じる親会社である日本本社，または親会社の事業の多角化により事業部制を採っている場合には，製品別・地域別の事業（本）部が，国内外の経営に対して，経営スタンス，マネジメントスタイルの方向づけを決めるのに大きな影響力をもっている。日本企業の海外子会社管理の特徴として① 本社や事業部からのトップ人事を含めた多くの日本人駐在員，② 本社や事業部による財務の一元管理（企業によっては地域統括本部を通じての財務の一元管理），③ 本社や事業部によって限定された権限があげられる。とりわけ，海外子会社のトップに位置する日本人駐在員が，本社や事業（本）部でのポストに振り替えると必ずしも重要で高いポストではないことも特徴的である。もちろんこれは本社や事業（本）部の海外子会社の規模，数によっても異なるであろうし，実際，1995年から97年にかけてヒアリング調査をした日系企業のうち在マレーシア日系電気機器関連メーカーN社，在インドネシア日系総合商社M社のトップ人事は日本本社の役員，役員相当者が派遣されていたが，これらのケースは電気機器関連メーカー，自動車メーカーの一部の大規模メーカーを除いては多くはない。それはともかく，前述した日本企業の海外子会社管理としてあげた特徴は，日本人駐在員のオーバープレゼンス，ローカル従業員の登用不足，ローカル従業員への権限委譲不足などとの関連で，海外日系企業の人的資源管理の問題点として批判されている。では，仮にローカル従業員をトップ人事に登用し，ローカル従業員に財務を含めた権限を委譲したとしても，本社やそれぞれの事業部と海外子会社との間のコミュニケーションは実現できるのであろうか，また本社や事業部の経営方針は貫徹できるのであろうか。とこのように考えると，本社，事業部と海外子会社という企業内の組織間関係それ自体が，海外子会社管理のあり方を規定し，批判されている海外日系企業の人的資源管理の問題点をそもそも内包しているのかもしれない。その結果，ローカル従業員の登用，ローカル従業員への権限委譲に遅れた海外

日系企業では，現地の優秀かつ有能な人的資源の確保が難しくなり，さらに日本人駐在員からのローカル従業員への経営のバトンタッチが遅れるという循環へと派生するのであろう。

6-2. 日本人駐在員について

6-2-1. 海外子会社での日本人駐在員の配置目的

製造業，非製造業にかかわらず，本社や事業部が海外子会社に日本人駐在員を配置する目的として，第一に国内外の組織間でのビジネスにかかわる役割を調整することがあげられる。また，製造業に従事する企業では，海外子会社に，本社や事業部で使用されている生産技術や経営ノウハウを供与する際に，海外子会社の管理，統制のために駐在員の配置が重要となる。ただ，このような生産技術の供与での駐在員の配置は，日本企業にみられる特徴的な事柄ともされている。たとえば，「日本人駐在員がアジアに派遣されるのは……こうした対応の背後には，マニュアルや指示書を通じてではなく，日本人駐在員を通じて現地法人を管理しようとする日系企業の組織文化が存在している点も無視できない」（園田，2001，12頁）と指摘されている。

駐在員の配置の目的および機能は，海外子会社の設立時期，所在地[1]，事業展開の性質，海外子会社の管理のあり方などと関連して，試行錯誤しながら複雑化するところがある。試行錯誤に関して興味深い二つのケースがある。一つは，1996年9月にヒアリング調査をした在マレーシア日系電気機器関連メーカーN社のケースである。現地法人の社長は，本社や事業部から派遣される駐在員の配置に困るというのである。というのは事業部から派遣されてくる社員のうち配置に困る人はいるにはいるが，とくに海外事業部から派遣される駐在員は現地での事業展開の性質や子会社の管理のあり方と全くマッチしない人材が派遣されてくるからであるという。二つめのケースは2003年2月，電気機器関連メーカーC社の日本でのヒアリング調査の例である。人事担当の管理職は，海外子会社への駐在員の決定に関して，複数の事業部や間接部門から複数の派遣

者を，キャリア形成の一貫として選出するという。人事部での決定事項なので，駐在員と海外子会社とのニーズのミスマッチは現場で対応してもらうというのである。これらの二つのケースからみられるように，駐在員の選抜は，その企業の人事部，海外事業部（または国際部），事業部などのそれぞれの位置づけ，力関係などの同一企業内での組織間関係に影響されつつ決まるのであろう。このような影響のもとで，海外駐在員の配置目的と機能は，前述した海外子会社の所在地，事業展開の性質などと関連しつつ，複雑化しながらの試行錯誤の過程にある。部分的に試行錯誤の段階であり，ある部分では駐在員の配置目的と機能は明確化しているのであろう。もっとも，日本企業の海外展開の活発化は急速であり，派遣者の選抜や育成に時間やエネルギーをかける余裕もなく，企業内の人材形成が追いつかなかった点もある。ちなみに，一つめのケースである電気機器関連メーカーN社の他の事業部が展開しているマレーシア子会社に，2001年9月にヒアリング調査をした際には，N社の海外事業部はなくなっていた。試行錯誤の結果なのであろうか。

6-2-2. 日本人駐在員とアドバイザーというポジション

　日本人駐在員の配置のあり方は，前述した日本企業の組織内の多岐にわたる企業サイドの要因のほかに，進出先の政府の外資政策にみられる受入れ国政府サイドの要因にも影響をうける。たとえば，外資政策での外国人従業員に対する長期滞在査証や労働許可証の発給制度などがあげられる。在シンガポール，マレーシア，タイ，インドネシアの日系電気機器関連メーカー，自動車メーカー，総合商社などはこのような外資政策に対して，観光ビザなどにより適応している。その他に，とりわけ生産工場を有する電気機器関連メーカー，自動車メーカーでは，アドバイザー制によって対応している。アドバイザーというポジションは，受入れ国政府や現地の産業別労働組合による日本企業への批判としての①日系企業は日本人駐在員の人数が多く，かつトップマネジメント，ミドルマネジメントをローカル従業員に譲らない，②日系企業のOJTは欧米系企業

にみられるマニュアル型ではないため，ミドルマネジメントのローカル従業員が育成されない，といった批判に対して，ローカル従業員にミドルマネジメントのマネジャーの職位を委譲して，その職務のサポート役として日本人駐在員を配置することである。

　アドバイザー制には，シニアアドバイザー制とアドバイザーグループ制があり，シニアアドバイザー制（図表6－1参照）とは，ローカル従業員のアシスタントマネジャーをマネジャーに昇進させ，日本人駐在員のこれまでのマネジャーにシニアアドバイザーとしてローカルマネジャーを指導，補佐する機能を与える制度である。シニアアドバイザーは組織図ではスタッフのように位置づけられるが，重要な意思決定にはシニアアドバイザーの同意が必要であり，その実質的な影響力は大きい。したがって，組織図のうえではライン職位でのローカル化が達成されつつ，実質的には日本人駐在員による管理が維持される。一方，アドバイザーグループ制（図表6－2参照）は，マネジャーである日本人駐在員をミドルマネジメントからはずし，ローカル従業員をマネジャーに昇進させ，ローカルマネジャーによる管理体制を形成する仕組みである。ミドルマネジメントからはずされた日本人駐在員は，社長スタッフまたは常務会スタッフとい

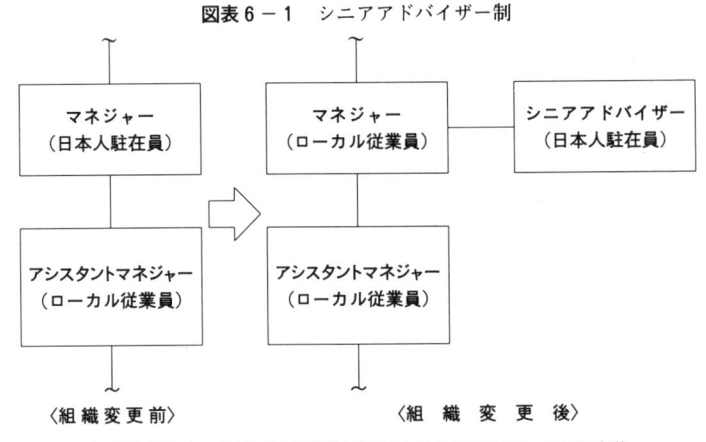

図表6－1　シニアアドバイザー制

〈組織変更前〉
- マネジャー（日本人駐在員）
- アシスタントマネジャー（ローカル従業員）

〈組織変更後〉
- マネジャー（ローカル従業員）― シニアアドバイザー（日本人駐在員）
- アシスタントマネジャー（ローカル従業員）

資料出所：坂本康實（1976）『海外企業経営と現地人』日本経済新聞社，107頁に加筆。

う形式のアドバイザーグループに所属させられ，各アドバイザーはその前職に応じて，それぞれの担当を与えられ，ローカルマネジャーを補佐，指導する。シニアアドバイザー制と同様に，実質的な管理はアドバイザーによって行われるケースが多い（坂本，1976, 106〜109頁；竹内，2002, 56〜57頁）。

　シニアアドバイザー制にせよ，アドバイザーグループ制にせよ，アドバイザーというポジションに日本人駐在員を配置することは，受入れ国政府，産業別労働組合の要請や圧力に対する日本企業の適応行動にすぎない。在アジア日系企業にてヒアリング調査を行うと，トップマネジメント，ミドルマネジメントである日本人駐在員は，異口同音に，職位も権限もローカル従業員にいち早く委譲したいけれども，ローカル従業員の職務能力がそのレベルに達していないとコメントする。けれども，欧米系企業ではローカル従業員に多くの上位のマネジメントレベルの職位や権限を委譲しているのが現実である。欧米系企業の方が日系企業に比べて高給であるため，欧米系企業に優秀なローカル従業員が集

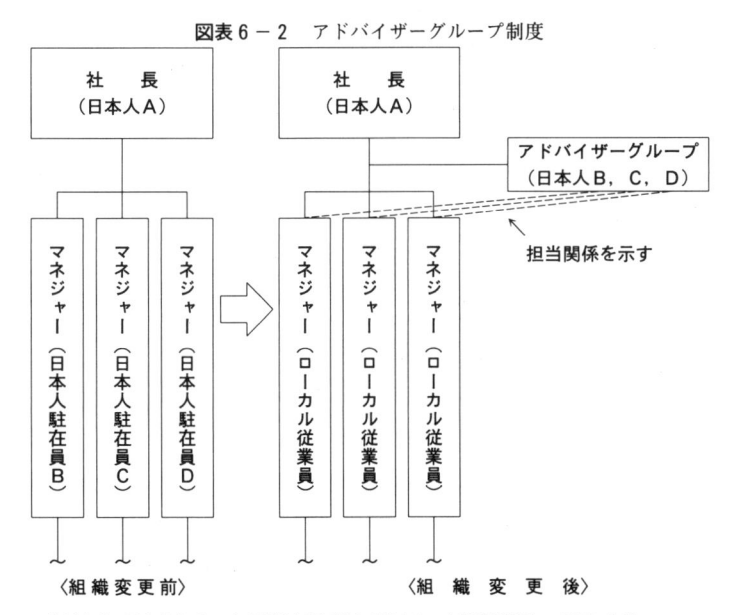

図表6－2　アドバイザーグループ制度

〈組織変更前〉　　〈組織変更後〉

資料出所：坂本康實（1976）『海外企業経営と現地人』日本経済新聞社，108頁に加筆。

まるのであろうか。そうだとするならば，日系企業も給与水準を上げることで対応すればいいことであり，日本人駐在員にかかるコストを考慮すれば，その選択の方がコスト安であろうが，実際はそんなに単純なことではないようである。それでは，日系企業が認識し期待する職位と職務能力の基準は，欧米系企業の認識するそれとギャップがあるのであろうか。それとも，日系企業の人的資源管理，育成にみられるマニュアル外の経験を重ね，手から手へとノウハウが伝達される暗黙知重視の手法は，欧米系企業の人的資源管理，育成にみられるマニュアルを通じてのノウハウが伝達される形式知重視の手法と比較して，海外での適用性が弱いのであろうか。どちらにしても，一つの職務にローカルマネジャーと日本人駐在員を同時に配置し，形式上の登用と実際の権限が異なるというアドバイザーというポジションは，ローカル従業員とのコンフリクトを解消するうえでマイナスに作用する。

6-2-3. 日本人駐在員と所属部署意識

海外に多くの子会社を展開している企業では，駐在員は組織内でのさまざまな部署より選抜され派遣される。選抜，派遣の総括段階では，人事部または国際部や海外事業部が強く関与するが，実際，派遣された後も派遣前の所属部署によって直接的，間接的に関与を受ける。しかも，海外駐在員の選抜，派遣の人選は，人事部または国際部，海外事業部に主体性のあることは少なく，それぞれの部署，事業部に主導権のあることが多い。それゆえ，駐在員は数年間の海外勤務のあと，帰国後の所属部署，事業部への復帰を考慮しながら，海外でのビジネスマン生活を送ることとなり，本社の意向を常に意識しながら仕事を遂行することになる。このような本籍主義ともいうべき所属部署，事業部意識は，一時的に，とりあえず，無難に企業の海外事業展開に従事しようというスタンスをつくり，かつ，それぞれの部署，事業部が人事を管轄しているため，人事部，国際部，海外事業部は人事の情報収集，管理が難しくなり，さまざまな国，地域の固有の現地事情を熟知した海外ビジネスのスペシャリストを養成

しづらくする。昨今，グローバリゼーションへの対応として，国際要員としての人材育成が声高に叫ばれるが，国際要員の充実と，これまたビジネス手法として注目をあびて久しい事業部制の強化ともいうべきカンパニー制との両立は，実は運営，管理に高い判断と手法が求められることを示しているのであろう。

　さて，例外的かもしれないが，海外に派遣された後，必ずしも日本の所属部署，事業部に戻ることに固執しないケースも散見される。2001年9月にヒアリング調査した在マレーシア日系電気機器関連メーカーN社の40代のエンジニアである日本人駐在員のケースがそれであった。彼はN社と日系部品メーカーとの間の部品調達，供給のマネジメントを行っているうちに，奥さんもマレーシアを至極気にいり，マレーシアに住みたいという希望もあり，この先，本社に戻らず海外子会社での勤務を希望した。そして，リタイアした後，日系部品メーカーの元社員とマレーシアで日本食の居酒屋を経営するという夢がある。二つめのケースは1997年9月にヒアリング調査した在タイ日系電気機器関連メーカーS社の50代の社長の例である。彼は40代からS社の在アメリカ子会社，在オーストラリア子会社へと派遣され，本社での所属部署，事業部へ戻ることより，在タイ子会社の社長を希望した。たとえ，日本の所属部署，事業部に戻ったとしても，良くて次長，一般的に課長として退職することになるよりも，自分の海外勤務のキャリアを生かして，北米やオセアニアとはちがいアジアではあるが，最後は在タイ子会社で終え，老後は日本へ帰国することを選択するという。三つめのケースは2000年2月にヒアリング調査をした在ブラジル日系F銀行の50代の管理職のケースである。彼は40代でブラジルに派遣され，日系ブラジル人の女性と新たに結婚し，生涯，ブラジルに在住することを希望した。

　以上三つのケースをあげたが一口に所属部署，事業部に戻ることにより海外勤務を希望したといっても，それらの意味することは三者三様である。ただ，一つ共通していえることは，潜在的に，あるいは表層的に所属部署意識があるがゆえに，それへの反作用として継続的な海外勤務を希望したのではないかと考えられる。そのような点からすれば，所属部署主義は，海外派遣をきっかけ

として,人事管理上,微妙でむずかしい事柄となりうるのである。

6-3. ローカル従業員について

6-3-1. ローカル従業員と定着性

　日本企業（製造業）の海外子会社におけるローカル従業員の人的資源管理上の問題点として,ジョブホッピング（離職）による低い定着性があげられる。ローカル従業員を,① オフィスでのミドルマネジメントに準ずるホワイトカラー,② 工場現場でのエンジニア,スーパーバイザー,③ オフィス,工場現場でのワーカー,と分けるならば,とくに①,②に属するローカル従業員のジョブホッピングが目立つ。彼らの日系海外子会社での低い定着性は,ホワイトカラー,エンジニア,スーパーバイザーとして採用の対象となる大学卒,高専卒が,労働市場の需給関係上,売り手市場となることがその背景をなしている。とりわけ,アジア諸国に進出している製造業に従事する日本企業の海外子会社では,このような状況が顕著である。そして,ローカル従業員の低い定着性は,欧米系海外子会社と比べて日系海外子会社の賃金水準が低いことが関連している。賃金水準が低いといっても,ローカル従業員の大卒と高卒の賃金格差は,日本でのその賃金格差と比べようもなく大きく,現地でも高給に値する。しかしながら,日系企業でヒアリング調査をすると,ローカル従業員の大卒と高卒の能力,レベルの差は,賃金格差ほどなく,ましてや日本の大卒とは全く異なるという。それゆえ,日系企業では大卒,高専卒のローカル従業員を採用したのち,多くの企業内教育,訓練を施す。それにもかかわらず,半年から1年以内に,大卒,高専卒のローカル従業員はジョブホッピングする。では,なぜ彼らは,そうたやすく転職するのであろうか。彼らは,欧米海外子会社と比べて賃金水準の低い日系企業に勤務し,企業内教育,訓練を受け,日系企業に勤務したということをブランド性の高い経歴として,欧米系企業に再就職するのである。つまり,日系企業での勤務はステップアップのプロセスの一つにすぎないのである。また,ローカル従業員の低い定着性は,賃金水準以外に,欧米系

海外子会社に比べて日系企業の遅れているローカル従業員の登用問題がある。多くの日系企業にみられる日本人駐在員を中心とした経営管理スタイルは，進出先の国，地域の反感を招くであろうし，その結果として，現地のエリートに属する大卒，高専卒のローカル従業員を日系企業にひきつけにくくするであろう。多くの優秀なローカル従業員を採用できないがゆえに，ローカル従業員を登用できない，ローカル従業員を登用していないがゆえに，募集をかけても優秀なローカル従業員が集まりにくく採用できないという悪循環におちいる。ヒアリング調査した日系企業の日本人駐在員のコメントでは，せっかく，大卒，高専卒のローカル従業員を採用し，配置し，企業内教育，訓練をして，さて，昇進というところでジョブホッピングしていくので，登用しようにも登用できないという。そこには，日本人駐在員とローカル従業員の両者間に登用に関する意識のギャップとジレンマが存在する。

　ローカル従業員のジョブホッピングについて，日系企業でヒアリング調査すると，1990年代前半では日本人駐在員は口をそろえて，彼らの行動パターンに困惑したコメントを呈していたが，1990年代後半では困惑しつつも，自分たちは現地での人材育成への貢献に一役を担っていて，これも企業の社会的責任であり，いたしかたないというコメントに変化していたのが印象的であった。これには，後日談があった。ローカル従業員は日系企業から欧米系企業へと再就職し，高い賃金を得るのであるが，短期間での業績の上昇がみられないと直ちに解雇され，再度，他の日系企業に就職するのである。国，地域によって異なるが，現地での日本人商工会議所が組織として強固であればあるほど，その種の情報交換は活発的である。それから，日系企業でヒアリング調査していて，ローカル従業員のジョブホッピングについて，興味深い二つのケースがあった。

　一つは，1997年9月にヒアリング調査した在タイ日系自動車組立てメーカーN社と部品メーカーK社のケースである。1997年という年は，アジア通貨危機の年であり，タイ，マレーシア，インドネシア，シンガポール，香港（現在の中国の独立行政区），韓国，台湾へとその危機は蔓延し，外国為替市場での各

国の通貨はヘッジファンドによって下落した。とくに，タイ，マレーシアの通貨は大きく下落し，国内の経済状況を悪化させた。ヒアリング調査を行ったメーカーの日本人駐在員は，ローカル従業員のジョブホッピングは気にならない程度に落ち着き，こういう時こそ，大卒，高専卒のローカル従業員の企業内での教育，訓練に力を入れたいとコメントしていた。アジア通貨危機による経済状況の悪化は，ローカル従業員に，まず雇用の安定を確保しようという意識をもたらしたのである。高給ではあるが，雇用が不安定な欧米系企業より，確かに，欧米系企業より低い賃金水準ではあるが，雇用の安定が確保されている日系企業に，短期的ではなく長期的に勤務しようというローカル従業員がみられるようになったのである。通貨危機も一段落した2000年以降も，日系企業のヒアリング調査を行ってみると，雇用の安定を意識して日系企業に就職するローカル従業員もいるという。

　二つめのケースは，2001年9月にヒアリング調査した在マレーシア日系電気機器関連メーカーN社の例である。N社の日本人駐在員は，勤務状況も良く，まじめで，仕事熱心な大卒，高専卒の複数のローカル従業員に長期的な勤務を期待していた。その期待は，それらのローカル従業員に，標準的なラインより多めの企業内教育，訓練を施すこととなった。しばらくして，数名のローカル従業員が職場を去った。その後，辞職したローカル従業員は日本人駐在員の期待が精神的プレッシャーとなり職場を去ったということが，仲間のローカル従業員によって，日本人駐在員に知らされた。これは，労働衛生ともいうべきローカル従業員の精神面でのケアーを含めた日系企業のメンタルマネジメントの欠如であり，同時に部分的ではあるが異文化理解の欠如でもあろう。ローカル従業員の定着性の問題は，日系企業の賃金水準，登用問題のみではなく，その国の経済情勢，国民性などを含む要因と深く関係している事柄なのである。ただ，日本企業の海外事業展開のさらなる拡大により，遅かれ早かれ，将来的には，日本人駐在員を中心とした海外子会社の運営体制は，適格・有能な駐在員の不足により限界に達するであろう。そのためにも，ローカル従業員の定着性とそ

の育成は早急に解決されるべき課題であろう。

6-3-2. ローカル従業員と二重構造

在アジア日系海外子会社（製造業）でのローカル従業員をみると，大卒や高専卒のローカル従業員と高卒以下のローカル従業員との間には，意識的に大きな乖離があり，日本の大卒，高専卒，高卒への感覚と比較して，学歴に対する意識が非常に強い。実際，日系企業もまた，オフィスでのミドルマネジメント，工場でのエンジニア，スーパーバイザーには大卒や高専卒のローカル従業員を，一方，オフィス，工場現場でのワーカーには高卒以下のローカル従業員を配置しており，そのため，学歴別によるラインとスタッフの分離が起こる。つまり，ローカル従業員には学歴別の二重構造が存在するのである。また，アジア諸国では，工場現場での労働を軽視する風潮もあり，大卒のローカル従業員は，現場重視の日系企業の経営手法に対して戸惑いを感じるという。日本企業にみる高レベルの生産技術，生産性の高さは，企業内の研究開発部門の優位性によってのみ成り立っているのではなく，現場での情報に裏づけられた提案の吸い上げによって成り立っており，まさに現場イズム（安室，1997）のたまものであるといわれている。現場重視にもとづく日本企業の経営手法は，トップマネジメントと現場がミドルマネジメントによってリンクすることにより，その有効性を発揮するのであり，その点からすれば，ローカル従業員の学歴別の二重構造は情報の共有化の障害となり，日本企業の経営手法の現地への移転にとって，マイナスに作用する。

だが，これに対して，新しい兆しも起こりつつある。それは，1997年9月のヒアリング調査をした在タイ日系自動車部品メーカーK社や2001年9月にヒアリング調査した在マレーシア日系電気機器関連メーカーN社で感じたことである。高卒で日系企業に就職したローカル従業員が数年間，勤務したのち，日系企業のサポート（奨学金など）を受け，働きながら夜間大学や夜間の高専で勉強し，大卒，高専卒のローカル従業員となる者がいるという。彼らは，大卒で

就職したローカル従業員と比べて，現場の状況もよく認識しているし，彼らがトップマネジメントと現場をリンクする中間ピンとしての役割を将来，演じてくれるのかもしれない。さらに，これに触発されたのか，大卒，高専卒で就職したローカル従業員のなかにも，現場に対する意識を変えつつある者がでてきたという。ともかく，日系企業は，ローカル従業員の学歴別の二重構造が現場重視の日本企業の経営手法の実現にマイナスにならないように，何らかの対策を講じる必要があろう。

おわりに――多難な人的資源管理

　日本企業の海外事業展開にともない，海外に派遣される日本人駐在員とローカル従業員の増大は，日本企業および日系企業の人的資源管理を複雑にした。

　駐在員は諸手当が高く，また駐在中にマネジャーの職位を得ることが多い。しかし一定の任期を終えて帰国すると経済的報酬は低下し，課長職に昇進する保証はない。海外駐在中は企業内キャリアのある段階であると自認しても，本社の人的資源管理施策としてルールがない限り，一時的な出向や長期の出張として扱われることが多い。さらに海外の事業所で現地スタッフのマネジャーが増加するにともない，現地人マネジャーと日本人マネジャーの間の処遇の格差が批判される。その批判は通常，現地人マネジャーから提起される。

　海外の事業所で設定される人的資源管理の原則や施策と日本の本社および各事業所で実施されている諸施策の間にちがいが生じることによっても混乱が生じかねない。このちがいは日本での施策と進出先での施策を別個にするいわばデュアル・システム（二重制度）であることから生じるため，デュアル・システムをいつまでも放置すると，日本人駐在員，現地スタッフの双方にとって不安や不満の種となる。そしてこの二つの集団が協同して職務の遂行と経営組織の生産性を向上させなければならないにもかかわらず，両者の調和を醸成することがむつかしくなる。

　これら海外子会社における日本人駐在員と現地スタッフとの現実的な関係を

正確に把握しなければ，適切な人的資源管理施策を構築することができないのではないか。往々にして，日本本社や事業部が海外子会社におけるオペレーションを方向づけ，マネジメントコントロールにあたる傾向にある。

今後，日本企業はさらなる国際化，情報化に加えて少子高齢化による労働力需給関係の変化に対応をせまられるであろう。このような状況の変化にともなって，日本国内の事業所とともに海外子会社の人的資源管理は複雑多岐にわたる課題に直面することになる。　　　　　　　　　　　　　　　【岩内　秀徳】

注
1) 日本人駐在員と派遣先所在地の関係について以下のように指摘されている。「企業と従業員の双方が，アジアへの派遣を欧米への派遣と異なるものとして，具体的には一段低いものと見なしがちであるという点も見逃すことはできない。そのため，どうしても短期のローテーションで人事を回し，場当たり的な人事が横行することになる。このような腰の引けた状態で人材が派遣される状況にあっては，長期的に派遣人員を選抜・育成するシステムを構築することはむずかしい。」（園田，2001，39頁）

参考文献
安室憲一（1993）『国際経営』日本経済新聞社。
安室憲一・関西生産性本部編（1997）『現場イズムの海外経営』白桃書房。
石田英夫編（1996）『国際人事』中央経済社。
今西伸二（1990）『海外経営戦略』マネジメント社。
桑名義晴・笠原伸一郎・高井透編（1996）『国際ビジネス』中央経済社。
斉藤毅憲・石井貫太郎編（2002）『グローバル時代の企業と社会』ミネルヴァ書房。
坂本康實（1976）『海外企業経営と現地人』日本経済新聞社。
園田茂人（2001）『日本企業アジアへ』有斐閣。
竹内規浩（2002）『国際経営下の人事管理論』税務経理協会。
Dato' Dr Hj Abdul Murad Ahmad (2000) *Managing People in Malaysia*, CLT Professional Training Sdn Bhd.

7 キャリア発達と組織コミットメント

7-1. 従業員のキャリア発達と組織コミットメントの関係

　本章は，組織の人的資源管理上，重要な従業員のキャリア発達と彼らの所属組織に対するコミットメントとの関係を検討する[1]。

　現代，勤労者と組織との関係が大きく変化しつつある。大企業を中心に断行されつつあるリストラの名による雇用調整がすすみ，これまで終身雇用慣習のもとにいた多くの勤労者が組織外への退出を余儀なくされる。また，若年層を中心として自発的転職率も高い水準にある。さらに，年俸制の導入，成果主義的施策が広まり，年功処遇の慣習が相当程度崩れてきている。つまり，勤労者と組織との関係は，長期的な貢献とそれに対する報酬を前提とした馴れ合い的なぬるま湯の状態から，組織の業績や個人の成果の落ち込みによっていつ切れるかもしれない緊張感の高い不安定な状態に転換しつつある。

　このように両者の関係は，従来と比較して明らかに希薄化し短期化してきている。こうした状況で，近年主に勤労者の側で注目されているのが，自己のキャリア発達である。キャリアについてはこれまで多くの論者が言及してきた。たとえばその定義について，カイロ（Cairo, 1992）は「仕事に関連した経験と態度の一生涯にわたる連鎖」（p.297）とし，また山本（1998）は，キャリアの特質として継続性，連鎖性，発達性をあげ，「個人の生涯を通し，継続的，連鎖的に，組織内外で獲得し，発達させる職業や労働に関係した経験や技能」（90頁）としている。この点からみると，勤労者は終身雇用，年功処遇の慣習のもとで定年まで同一の組織に雇用されることを前提とし，組織内での自らの雇用の安定や昇進に希望をつないでいる間は自己のキャリアに関しては組織に「お任せ」

で,「思考停止」状態でも構わなかった。しかし,勤労者と組織との関係の希薄化や短期化は,このような組織依存的なキャリアのあり方に修正を迫っている。すなわち,勤労者自身が,場合によっては他者とは異なるキャリアを設計し,それにもとづいて転職等のキャリア選択を行う必要性が増大してきた。多くの勤労者が学校卒業後就職した一つの組織だけで形成する組織内キャリアから,複数の組織を渡り歩くことによって形成する組織間キャリアに移行せざるをえなくなっている。その場合ポイントとなるのは,現在の所属組織で自己の能力の増大や専門的な知識・技能の獲得がみられるかどうか,つまりキャリアが発達するかどうかである。たとえば,多くの勤労者が,市場価値の高い専門的な技能が身につくような組織には長くとどまりたいと感じるであろう。すなわち,組織におけるキャリア発達の程度が自己と組織との関係にこれまでより大きな影響を及ぼしつつあることが予想される。

　アーサーとルソー（Arthur & Rousseau, 1996）も「境界のないキャリア」という概念を提唱し,同様の傾向の広がりを指摘している。これは近年勤労者のキャリア環境は「境界のある」そして単一の雇用者のもとでの正規の雇用関係によるものから,境界がなく従業員によって自己管理されるものへと変化しつつあるというものである。

　それでは先行研究は,組織と勤労者との関係性をどのようにとらえてきたであろうか。勤労者の側からそれを科学的に検討する場合,代表的な概念として組織コミットメントがあげられる。組織コミットメントとは,従業員が所属組織に対して抱く態度である。日本労働研究機構（現労働政策研究・研修機構,1994）の研究は,これをワーク・モチベーションを構成する概念として用いている。代表的な定義としては,マウディら（Mowday et al., 1979）の「組織の一員でありたいとする強い願望や,組織のために高水準の努力を進んで行う気持ち,また組織の価値や目標を信じ受け入れる気持ちを持つ程度」（226頁）等があげられる。また最近,組織コミットメントを下位次元に分割して分析する研究もみられ,たとえば,メイヤーとアレン（Meyer & Allen, 1991）は情緒的,存続

的，規範的の三つの要素に分けて考察している。

　また，組織コミットメントは日本のこれまでの経済成長を心理的に説明する要因として考えられてきた。その見解によれば，日本の高度経済成長および日本的経営を支えてきたのは，組織の業績をあげることに高いモチベーションをもった，会社人間といわれる組織コミットメントの高い勤労者であった。しかし田尾（1997）のいうように，経済の低成長化と日本的経営を支えてきた終身雇用，年功処遇の変質によって，わが国の勤労者の多くに組織人としての「メンタリティの深い基盤の変化」（7頁）が起こっていると考えられる。その変化を分析する概念として，組織コミットメントは重要である。このように，人的資源管理において組織コミットメントは組織と勤労者との関係を説明する重要な要因である。

　それでは，これまで組織コミットメントの要因として勤労者のキャリア発達はどのように取り上げられてきたのであろうか。たとえば，マシューとザジャック（Mathieu & Zajac, 1990, p. 174）では，個人の特性として年齢・教育・勤続期間・職位在任期間・職務水準が，職務の特性として職務領域（範囲）が，それぞれキャリア発達の先行要因として分析された。さらにメイヤーとアレン（Meyer & Allen, 1997, p. 106）では，個人特性では年齢・経験が，社会化経験のなかでは組織的社会化が，マネジメント上の経験においてはトレーニングが，仕事経験では仕事の見通しが取り上げられた。このように，キャリア発達要因は先行研究で取り上げられてはきたが，必ずしも理論的フレームワークの裏づけをともなってきたとはいいがたい。また，各要因相互間の関係や勤労者のキャリア発達全体における位置づけが不明確であるとともに，取り上げられた要因自体も不足していると考えられる。そのため，キャリア発達と組織コミットメントとの関係の統一的なフレームワークが描けているとはいえない。

7-2. 従業員の組織コミットメントに影響する
キャリア発達要因の位置づけ

そこでここでは，統一的なフレームワークで従業員のキャリア発達を検討することを志向した。第一のフレームワークは組織内および組織間キャリア発達の方向性，第二はキャリアの基本的な特性である，客観的および主観的側面の分類，第三は同じく過去―現在―将来の時間軸による区分である。ここでは，第一のフレームワークを中心に，第二，第三を組み合わせる形でコミットメントに影響する従業員のキャリア発達要因を分析する。

第一のフレームワークに関する先行研究のうち，勤労者のキャリア発達モデルとして最も体系的と考えられるのが，シャイン（Schein, 1980）の三次元モデルである（図表7－1）。かれは従業員の組織内キャリア発達を，以下の三次元の方向性に沿った移動の観点からモデル化している。

第一の次元は垂直軸上の階層次元の職階移動であり，従業員はこれによって職位が変化する。つまり，従業員は上昇移動によって昇進・昇格し，下降移動によって降格する。とくに前者は垂直的キャリアの発達と考えられる。また，この移動は組織の人的資源管理とくに昇進管理と関係する。

第二の次元は円周軸上の職能・技術次元の移動であり，従業員はこれによって専門的知識の分野や所属，部署が変化する。この移動は水平的キャリアの発達にかかわり，人的資源管理上では主に配置管理と関係する。

第三の次元は放射軸上の部内者化の次元における中心性の移動であり，従業員はこれに沿って所属組織の中心（中枢）と外縁間を移動する。外縁から中枢への移動すなわち部内者化は，職務について経験を積み，学習量が増えることによって周囲から信頼され責任を引き受けることを意味する。またそれによって，組織内の特別の情報・秘密を得，組織中枢の重要な決定に参加するようになる。しかし，この移動の人的資源管理上の位置づけは明確ではない。

シャインは以上のようにモデル化しているが，本研究では従業員のキャリア

図表 7-1 勤労者の組織内キャリア発達モデル

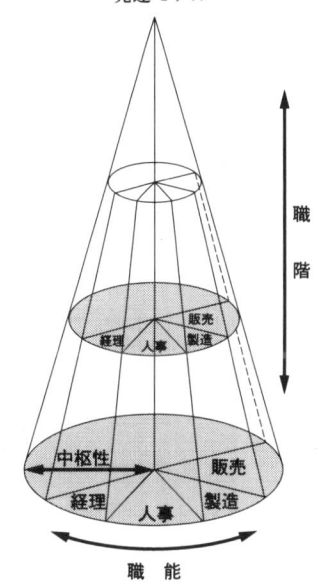

（職階／中枢性／販売・経理・人事・製造／職能）

資料出所：Schein, E.H. (1980) *Organizational psychology*. 3rd ed. Englewood Cliffs, NJ: Prentice-Hall. 松井賚夫訳（1981）『組織心理学』岩波書店，19頁から修正して引用。

発達のフレームワークとして，以下の3点を修正した[2]。

まず，円周軸上の職能・技術次元の移動の修正である。彼はこの軸上の移動をもって，従業員の職務についてのキャリア発達を代表させている。これを日本の組織の現状と照合すると，以下の三つの移動に分類し直す必要がある。すなわち，人事・経理・営業等の職種（専門分野）間の移動，採用・給与計算・研修企画等担当職務間の移動および（所属する）部署間の移動の三つである[3]。部署間の移動および職種間の移動は主に組織の配置管理と関連し，職務間の移動は配置管理とともに直属上司が行う職務配置（職務管理）に対応する。本章ではこのようにシャインの水平的キャリア発達を，相互に関連はもちつつもある程度独立した以上三つの移動（発達）に分けて分析する。これによって，従業員の円周軸上の移動と組織の人的資源管理との関係が組織の現状に即した形でより明確にされると考えられる。

次に，放射軸上の中心性移動の修正である。シャイン（Schein, 1978）自身が「一層把握しにくい次元」（訳書，40頁）と述べているように，この次元における移動の客観的な測定は表にみえにくいだけに困難である。しかし，「垂直的次元で行き止まりに至った多くの人びとにとって……きわめて重要となりうる」（訳書，40頁）。そこで，本章ではこの次元のキャリア発達を外部から客観的に把握可能にするために，本社（本店等）と支社（支店・営業所等）間の移動を，中枢と外縁間の移動としてとらえる視点を追加した。市場志向経営や経営にお

ける現場情報重視の必要性がいわれているが，実際の経営では経営トップがいて組織内の情報が集中する本社（本店）が組織全体における中枢と考えられるからである。西川（1984, 154頁）も同様の視点で，一商社を対象に本社在籍者をセントラル，海外支社（関連会社）在籍者をマージナルとしている[4]。また，石毛（2003, 118頁）も金融機関従業員を対象に本部と営業店間の移動を中心性移動としている。

　最後に，組織間キャリア発達概念の導入である。シャインのモデルは勤労者のキャリア発達を組織内に限定しているため，この発達は含まれていない。しかし，前述したような勤労者と組織との関係の希薄化と短期化の傾向から，本研究のフレームワークとして組織内発達だけでなく，組織間キャリア発達の概念を導入した。勤労者は組織内で勤務しながら，それまでの転職経験による転職ノウハウの取得やネットワークの形成，（転職市場での）価値の高い技能の獲得，転職先の情報収集等，組織間キャリア発達またはそのための準備を行うことは十分可能である。

　さて，本研究の第二のフレームワークは，キャリア発達における客観的および主観的側面の分類である。

　南（1988）によれば，勤労者のキャリアは，職位や担当職務，配属部署等外部から客観的に測定可能な客観的キャリアと，職位等の変化にともなう本人の自覚，意識や行動の変化である主観的キャリア（キャリア意識）とに分けられる。そこで，客観的に測定可能な要因だけで従業員のキャリア発達を把握することによって彼らの組織コミットメントが分析可能であるとするモデルを，組織の人的資源管理によって把握可能ということから「人的資源管理モデル」と呼ぶ。それに加え，主観的キャリアに関する要因をも含むモデルを「行動科学モデル」とした。そして両者の比較から，前者のモデルすなわち組織の人的資源管理によって，どの程度従業員のキャリア発達とコミットメントとの関係が把握可能であるかを検討し，キャリア発達とコミットメントとの関係における人的資源管理の位置づけを分析することを目的とする。

第三のフレームワークは，キャリア発達における過去—現在—将来の時間軸の区分である。
　前述したように，個人のキャリアは少なくともその職業生涯全体に渡る長期的なものである。そのなかで主観的キャリアも客観的キャリアも変化する。すなわち，従業員の組織コミットメントに影響を与えるキャリア要因においては，過去の出来事や客観的な事実，現在の職務における態度，将来のキャリア上の計画や展望等，カバーするタイム・スパンは長期にわたる。そのため，本研究で設定するキャリア要因も過去・現在・将来の時間軸を考慮した多様なものを設定した。そして，現在のコミットメントに対する影響を，本人の属性的なキャリア発達要因（転職経験等多くは過去に形成）等を通して分析し，現在の組織の人的資源管理で対処可能なものについて示唆を得ることを目的とする。
　本章では以上の観点によって，シャイン（Schein, 1980）の組織内キャリア発達モデルを大幅に修正し組織間キャリア発達に拡張したモデルによって，組織従業員のキャリア発達と彼らの組織コミットメントとの関係を分析する。そして，山本（2003）の仮説を発展させた次の基本仮説を，以下の（作業）仮説で検証することを目的とする。
　基本仮説……組織内キャリア発達がみられ，組織内において組織間キャリア発達がみられない従業員の組織コミットメントは高い。
　仮説1……垂直的キャリア発達がみられる従業員の組織コミットメントは高い。
　　……垂直的キャリア発達とは，昇進・昇格の相対的なはやさ（客観的側面）やそれに対するプラスの評価（主観的側面）を意味する。
　仮説2……水平的キャリア発達がみられる従業員の組織コミットメントは高い。
　　……水平的キャリア発達は，どの状態をもって「発達」とするか明確でない。たとえば，スペシャリストとゼネラリストによって異なる。本章では職務上新たな挑戦や学ぶべきことがある状態，組織内で専門

性が確立している状態，部署の移動範囲が組織の設定したエリート部門にわたっている状態（垂直的発達と関連）等がみられることを「発達」とする。

仮説3 ……中心性キャリア発達がみられる従業員の組織コミットメントは高い。

……中心性キャリア発達とは，職務の重要性の高さ（主観的側面）や，本社等中枢部署への配属期間の長さ（客観的側面）等を意味する。

仮説4 ……組織内において組織間キャリア発達がみられる従業員の組織コミットメントは低い。

……組織内における組織間キャリア発達とは，将来の組織間キャリアの展開（転職等）へ向けた経験・実績・準備の充実を意味する。

仮説5 ……（モデル間の比較）客観的キャリア発達要因だけが組織コミットメントに影響するとする人的資源管理モデルより，主観的要因を加えた行動科学モデルの方がキャリア発達の影響モデルとして予測性が高い。

……先行研究では，本来人的資源管理上把握しやすいため重要な「組織特性」（組織規模）等客観的要因の予測性は相対的に低くなっている。

以上の関係を図表7－2の本研究の概念図に示す。

図表7－2　本研究の概念図（……▶主に関係する人的資源管理の種類）

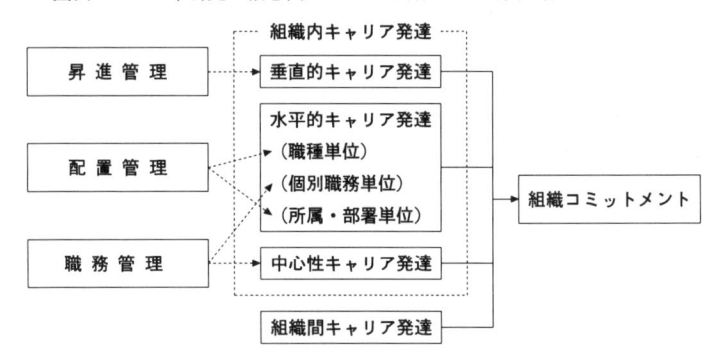

7-3. 調査の概要

7-3-1. 調査の対象

ある業種横断的な企業群と教育機関とがメンバーとなっている研究会に参加する民間企業137社に，正規従業員に対する調査を依頼した。依頼を受け入れた16社を調査対象企業とした。16社の業種は建設（1），製造（4），運輸・通信（3），卸売（2），小売（2），金融・保険（2），サービス（2）である。調査対象企業の上場・非上場の内訳は，東証1部上場企業8社，同2部上場企業1社，ジャスダック上場企業5社，非上場企業2社である。中堅以上から大企業の比率が高いといえる。調査は従業員と企業を対象とした。

A　従業員調査

各社に勤務する正規従業員を対象に，2001年3月16日から5月23日まで質問紙調査を実施した。質問票は調査者が各社の人事担当者に郵送し，各社とも社内の各部署にランダムに配布されるよう依頼した。回収については，調査対象者から直接調査者宛返送する方法を中心に行った。その結果，16社合計で794票配布され，376票が回収された（回収率47.4%）。そのうち無効票11を除く365票を分析対象とした。調査対象者のプロフィールは，男性254人（69.6%），女性111人（30.4%），平均年齢は34.4歳，平均勤続期間は10.2年であった。その他のプロフィールは後掲の図表7－4に示した通りである。

B　企業調査

Aの従業員調査を行った各社の人事担当の管理職1名を対象に，当該企業の人的資源管理施策に関する質問紙調査を実施した。質問票は調査者から各社の人事担当管理職に郵送され，調査者宛返送してもらう方法をとった。

7-3-2. 集計に用いた測定尺度

A　従業員調査

以下では，とくに触れないかぎり，あてはまらない（1）からあてはまる（5）

までの5段階リカート尺度の平均値を採用する。

1) 組織コミットメント（従属変数）——最も一般的な定義である，組織への愛着や価値観への一体化等の情緒的側面に注目した前述のマウディら（Mowday et al., 1979）の定義に従い，彼らのOCQ（Organizational Commitment Questionnaire）から選択した以下の4項目尺度を採用した。

- 現在の会社にとどまるためにはほぼどんな仕事でも受け入れて行う
- 私の所属している会社は働くのに最高の組織である
- 私の所属している会社は働く場所としてすばらしい所だ
- 私は働く場所として他の会社以上に喜んでこの会社を選んだ

2) コントロール要因（独立変数）——勤労者のキャリア発達に関する先行研究の多く，たとえばリンら（Lynn et al., 1996）や山本（1992）等で性別や勤続期間等の個人属性が職務上の行動や態度に影響していることを指摘している。本研究でも代表的な変数として，性別，勤続期間および学歴を採用する[5]。これらの変数は広い意味では，キャリア発達に関係する要因でもある。

3) キャリア発達に関する変数（独立変数）——前述した三つのフレームワークにもとづいて変数を設定した。

① 垂直的キャリア発達（垂直軸）については，以下の客観的および主観的尺度各2で測定する。

a 職位（の高さ）[6]……これは，所属組織の管理職階層における職位（の高さ）である。垂直的発達の現在の客観的状況を示し，相対的に職位が高いほど発達がみられると判断される。

b 現職位在任期間……現在の職位（a）における在任期間である。山本（2003）によると，フェレンスら（Ference et al., 1977, p. 602）が「現在の職位以上の職階上の昇進の可能性が非常に低いキャリア上の地位」等と定義したキャリア・プラトー化の客観的基準に採用されている。すなわち，現職位在任期間は垂直的発達の客観的可能性を示すため，これが長いほど所属組織での将来の昇進可能性が低下し発達がみられないと考えられる。山本（2003）

が3回実施した調査結果では，現職位在任期間（職位歴）はコミットメントに対して有意なマイナスの影響がみられた（うち1回は有意傾向）。

c　昇進満足……これまでの自己の昇進・昇格の状況に対する満足感である。垂直的発達の過去から現在までの状況に対する主観的評価を示し，これが高いほど発達がみられると考えられる。グリーンハウスら（Greenhaus et al., 1990, p. 86）のキャリア満足尺度から選択した「私は自分のキャリアにおいて，昇進・昇格の面では満足している」という項目で測定する。

d　昇進可能性認知……所属組織における現在以上の職位への昇進可能性の自己認知である。垂直的キャリア発達の将来の可能性に対する主観的評価を示すため，これが高いほど発達がみられると考えられる。山本（2003）によると，b同様多くの先行研究でキャリア・プラトー化の主観的基準として採用されている。さらに山本（2003）で，組織コミットメントに対して有意なマイナスの影響を示した。昇進可能性認知は，マッケンルー（McEnrue, 1989）等を参考にした。

〈項目例〉私はこの会社で昇進するチャンスがある

②　水平的キャリア発達（水平軸）については，職種単位，個別職務単位，（所属する）部署単位に細分化される客観的および主観的側面をともに含む以下の5尺度（a～e）で測定する。

〈職種（専門分野）単位〉

a　最長経験職種と組織のエリート部門との一致は企業調査の項で詳述する。

b　最長経験職種とキャリアの柱職種との一致……現職種を含む最長経験職種と将来自分のキャリアの柱としたい職種との一致・不一致である。これは，水平的発達における職種移動の現状までの状況に対する主観的評価を示す。すなわち，両者の一致は水平的発達上の志向性が満たされていることをあらわすため，発達がみられると考えられる。

〈個別職務単位〉

c　経験職務数……職務間の類似度は問わず，入社してからこれまで主に担

当してきた職務の数である。水平的発達における個別職務移動の現在までの客観的状況を示し，職務数が相対的に多いほどゼネラリストであることが示唆される。一般的に，ゼネラリスト志向の従業員の場合，職務数が多いほど発達がみられると考えられる。

　d　現在の職務に対する評価（職務の挑戦性）……水平的発達における個別職務移動の現状に対する主観的評価を示し，これが高いほど発達していると考えられる。シャイン（Schein, 1978）は「新人にできるだけ早く何か挑戦的な仕事を与えること」（訳書，121頁）が，組織に貢献する前に辞める等の潜在的な問題の防止策になるとしている。そこで，本章で独自に設定した4項目尺度で測定する。

　　〈項目例〉今の仕事は能力・知識の増進が絶えず必要とされるような仕事である

〈（所属する）部署単位〉

　e　経験部署数……名称変更による場合を除く，これまで配属されてきた部署（部・課等）の数であり，水平的発達における所属・部署移動の現在までの客観的状況を示す。これが多いほど（または少ないほど）発達しているかどうかの判断が困難な要因である。しかし前述したように，人間関係の変化をともなうため，上司との関係等人間関係によるキャリア発達とかかわる要因である。

③　中心性キャリア発達（放射軸）については，以下の客観的および主観的尺度各1で測定する。

　a　本社（本部・本店）在籍期間……本社（本部・本店）に在籍していた（またはいる）期間の合計である。中心性発達における中枢外縁間移動の現在までの客観的状況を示し，相対的に長い従業員ほど中枢に近く発達がみられると考えられる。これは前述したように，シャインモデルと異なる解釈による中心性発達要因である。

　b　中心性……中心性発達における中枢外縁間移動の現状に対する主観的評

価を示す。これは，職務特性理論を援用して尺度化した。この理論は職務再設計にもとづく職務の充実化[7]によって従業員の職務に対するモチベーション等が高まり，業績も向上するというものである。具体的には，ハックマンとオルダム（Hackman & Oldham, 1975）のJDS（Job Diagnostic Survey）モデルにおける職務特性のうち，重要性（意義）に関する項目を採用した。その他，前述した中心性発達に関する先行研究の結果を援用して，所属部署での重要な決定への参加および組織内の重要な情報への精通について作成した項目を追加した3項目尺度で測定した。すなわち，上記について評価の高い従業員ほど，中心性発達がみられ中枢に近いとする。

〈項目例〉私は会社にとってかなり重要な仕事をしている

④ 組織間キャリア発達については，以下の客観的および主観的尺度各1で測定する。

a 転職回数……組織間キャリア発達の現在までの客観的状況を示す。すなわち，転職経験がゼロであれば，これまで蓄積してきたキャリアは1組織における組織内キャリアのみで組織間キャリアの経験がないことをあらわす。一般に，回数が多いほど組織間発達がみられると考えられる。

b キャリアの市場価値（他の組織での同地位獲得可能性）……転職した場合，現在と同じ地位を得られる可能性である。組織間発達の現状に対する主観的評価を示す。バイガ（Veiga, 1981）が「他の組織に移ることによって現在と同様の地位を得る機会の自己評価」（p. 569）と定義した自己の市場性と類似した概念である。これが高いほど組織間発達がみられると考えられる。以下の1項目で測定する（％で回答）。

〈項目例〉あなたは他の会社で現在と同じ位の地位を得る可能性は何％位あると思いますか

B 企業調査

最長経験職種と組織のエリート部門との一致──現在の職種を含みこれまで最も長く経験してきた職種が，役員昇進までの最低必要経験部門（いわゆるエ

リート・コース）と一致しているかどうかである。この測定のため，日本労働研究機構（現労働政策研究・研修機構，1993）を参考に，役員昇進までの最低必要経験部門をきいた。具体的には，ホワイトカラー社員が役員クラスに昇進するまでの間に少なくとも経験を必要とする社内の部門を以下から三つまであげてもらった。

人事・労務　総務　営業　経理　購買・仕入れ　研究・開発　国際　企画・調査　情報処理　製造　その他

そしてこれが，Aの従業員調査で測定した最長経験職種と一致している従業員を「エリート」，一致していない従業員を「非エリート」とした。これは水平的発達の現在の客観的状況を示すとともに，垂直的発達とも密接に関連する。両者が一致しているほど発達がみられると判断される。

以上のキャリア発達に関する尺度を，キャリア発達の分類および測定が客観的状況（客観的キャリア）によるか主観的評価（主観的キャリア）によるかによってまとめたのが図表7－3である。すなわち，人的資源管理モデルはこの図表の左側の客観的状況に関する尺度のみによって，行動科学モデルは両者に関する尺度によって組織コミットメントとの関係を分析する。

図表7－3　キャリア発達に関する尺度の分類

キャリアの分類	測定の種類	行動科学モデル	
		人的資源管理モデル	
		客観的状況	主観的評価
垂直的キャリア		職位（の高さ）現職位在任期間	昇進満足昇進可能性認知
水平的キャリア（職種・専門分野）		最長職種とエリート部門の一致	最長職種とキャリアの柱職種の一致
（個別職務）		経験職務数	職務の挑戦性
（（所属の）部署）		経験部署数	
中心性キャリア		本社等在籍期間	中心性
組織間キャリア		転職回数	キャリアの市場価値

7-4. 分析の結果

7-4-1. 各尺度の信頼性および基礎統計

各尺度の信頼性を検証するために、2項目以上で構成される尺度についてα係数を算出した（図表7－4）。その結果、すべての尺度で値が0.7以上であったため、信頼性は検証されたといえる。さらに、各尺度の平均および標準偏差を図表7－4に算出した。

図表7－4　各尺度の信頼性および基礎統計

($n = 365$)

尺度名	平均 (SD)		α係数
組織コミットメント	2.84	(.82)	.80
性別	.30	(.46)	－
勤続期間（年）	10.20	(9.46)	－
学歴	4.17	(1.19)	－
職位	2.11	(1.55)	－
現職位在任期間（年）	4.18	(4.01)	－
昇進満足	2.85	(.98)	－
昇進可能性認知	2.71	(.88)	.76
最長経験職とエリート部門の一致*	.42	(.49)	－
最長経験職種とキャリアの柱職種の一致*	.48	(.50)	－
経験職務数（個）	2.25	(1.73)	－
職務の挑戦性	3.53	(.85)	.77
経験部署数（個）	2.49	(1.89)	－
本社（本部・本店）在籍期間の合計（年）	5.32	(7.58)	－
中心性	2.93	(.90)	.72
転職回数（回）	.44	(.94)	－
キャリアの市場価値（％）	61.66	(26.60)	－

＊それぞれ不一致：0，一致：1とダミー変数化した。

7-4-2. 従業員のキャリア発達と組織コミットメントとの関係

キャリア発達要因を独立変数として、組織コミットメントを従属変数とする、以下の六つのモデルについての階層的重回帰分析を実施した（図表7－5）。②から⑤までが行動科学モデルに含まれ、⑤組織間キャリアモデルがフルモデル

である。
① 個人特性モデル…(キャリア発達以外の)個人特性要因を独立変数とするモデル。
② 垂直的キャリアモデル…①に垂直的発達要因を追加したモデル(仮説1)。
③ 水平的キャリアモデル…②に水平的発達要因を追加したモデル(仮説2)。
④ 中心性キャリアモデル…③に中心性発達要因を追加したモデル(仮説3)。
⑤ 組織間キャリアモデル…④に組織間発達要因を追加したモデル(仮説4)。
⑥ 人的資源管理モデル…⑤から主観的発達要因を削除したモデル(仮説5)。

各モデルの重回帰式に各発達要因を逐次追加(削除)し,決定係数の増分(減分)のF検定で仮説を検証した。さらに,どの方向のキャリア発達がコミットメントに影響しているかという点も分析した。

図表7-5に示したように,仮説1(垂直的発達がみられる従業員のコミットメントは高い)は,個人特性モデルと垂直的キャリアモデルとの比較で,修正済みR^2の増分(.337)が有意であったため,検証された。仮説2(水平的発達がみられる従業員のコミットメントは高い)は,垂直的キャリアモデルと水平的キャリアモデルとの比較で,R^2の増分(.047)が有意であったため,検証された。仮説3(中心性発達がみられる従業員のコミットメントは高い)は,水平的キャリアモデルと中心性キャリアモデルとの比較で,R^2の増分(.006)が有意ではなかったため,検証されなかった。しかし,主観的中心性発達要因(b中心性)のみ投入したモデル(仮説3の2次分析)において,R^2の増分(.008)が有意であった。そのため,主観的な中心性キャリア発達はコミットメントの高さに影響していることが明らかにされた。仮説3は部分的に検証されたといえる。仮説4(組織内で組織間発達がみられる従業員のコミットメントは低い)は,中心性キャリアモデルと組織間キャリアモデルとの比較で,R^2の増分(.006)が有意ではなかったため,否定された。中心性発達要因のうち,転職回数は有意ではあったが,仮説と逆に回数が多いほどコミットメントが高いという結果がみられた。仮説5(行動科学モデルの方が,コミットメントに対するキャリア発達の影響モデルと

7 キャリア発達と組織コミットメント

図表7-5 モデル別のキャリア発達と組織コミットメントとの関係の階層的重回帰分析
（従属変数：組織コミットメント）

($n=365$)

分析モデル キャリア発達 要因他（独立変数）	① 個人特性 モデル	行動科学モデル ② 垂直的 キャリア モデル	③ 水平的 キャリア モデル	④ 中心性 キャリア モデル	主観的 中心性 キャリア モデル	⑤ 組織間 キャリア モデル	VIF[注3]	⑥ 人的資 源管理 モデル
（(キャリア発達以外) 個人特性要因）								
性別	-.060	-.164***	-.182***	-.198***	-.199***	-.204***	1.51	-.015
勤続期間	.219***	.253	.199**	-.178*	.182*	.200**	3.22	-.141
学歴	.011	-.010	-.019	-.016	-.016	.010	1.43	-.010
（垂直的キャリア発達要因）								
職位		.039	-.031	-.000	.001	-.033	2.09	.115*'
現職位在任期間		-.007	.024	.016	.016	.011	1.26	-.047
昇進満足		.340***	.294***	.293***	.292***	.291***	1.35	—
昇進可能性認知		.405***	.313***	.262***	.262***	.271***	2.08	—
（水平的キャリア発達要因）								
最長経験職種とエリート部門の一致			-.056	-.045	-.045	-.037	1.22	-.011
最長経験職種とキャリアの柱職種の一致			.099*	.105**	.105**	.103**	1.04	—
経験職務数			-.044	-.053	-.052	-.060	1.60	.015
職務の挑戦性			.236***	.205***	.205***	.212***	1.59	—
経験部署数			.103*'	.101*'	.100*'	.109*	1.95	.129*'
（中心性キャリア発達要因）								
本社(本部・本店等)在籍期間				.007	—	.024	1.96	-.063
中心性				.139*'	139*	.138*	2.10	—
（組織間キャリア発達要因）								
転職回数						.098*	1.18	.033
キャリアの市場価値						-.005	1.21	—
自由度修正済み決定係数 (R^2)	.050	.387	.434	.441	.446			.065
△修正済みR^2		.337*** (仮説1)	.047*** (仮説2)	.006 (仮説3)	.004 (仮説4)	.381*** (仮説5)		
主観的中心性モデルの修正済みR^2				.434	.442			
△同上修正済みR^2				.008* (仮説3の2次分析)				
F値	7.39***	33.87***	24.27***	21.47***	23.19***	19.31***		3.53***

注1) *': $p<.10$ *: $p<.05$ **: $p<.01$ ***: $p<.001$
注2) 自由度修正済み決定係数 (R^2) より上の行の数値はすべて標準偏回帰係数 (β) を示す。
注3) VIF (variance inflation factor：分散拡大要因) チャテルジーとプライス (Chatterjee & Price, 1977) は，VIF$_j=1/(1-R_j^2)\leq10$の場合(R_j^2：決定係数)，重回帰分析において多重共線性が発生していないとしている。フルモデルである組織間キャリアモデルでVIFの最大値が3.22であったため，本分析では大きな多重共線性は発生していないと考えられる。

して予測性が高い)は，組織間キャリアモデルと人的資源管理モデルとの比較で，R^2の減分(.381)が有意であったため，検証された。

以上，仮説1から5の結果より，基本仮説(組織内キャリア発達がみられ，組織内で組織間キャリア発達がみられない従業員のコミットメントは高い)は組織間発達では認められなかった。しかし，その他の組織内発達について認められたため，部分的に検証されたといえよう。

7-5. 調査結果が示唆すること――考察と展望

前節で，キャリア発達と組織コミットメントに関して，われわれが調査した結果を示した。ここではその結果を要約しつつ，日本企業の人的資源管理施策に参考になると思われる諸点に触れ提言もする。あわせて本調査研究による残された課題にも言及する。

第一に，垂直的キャリア発達について考える。本調査の結果(決定係数(R^2)の差の大きさ)から，組織コミットメントに最も強い影響を与えるのは垂直方向への発達であることが明らかにされた。つまり，組織における昇進・昇格の重要性が指摘されているのである。しかし，主観的要因(昇進可能性認知・昇進満足)の影響が有意で，客観的要因(職位・職位在任期間)の影響は有意でなかった。このことから，さまざまな客観的な条件によって従業員のコミットメントを高めていくのは困難であることが示唆される。しかし，山本(2003)が指摘しているように，多くの企業がリストラクチャリングをすすめている現在，多くの管理職位を設けてコミットメントを高めるような昇進管理を行うことは困難である。また，資格等級を細分化して組織内に擬似的な資格「階層」をつくって職能資格制度を年功的に運用することも，能力主義・成果主義に逆行する方策である。この問題の解決には，社内起業家制度等を利用した分社型の小組織や，プロジェクトチーム組織等での垂直的キャリア(プロジェクトリーダーへの任命)をすすめる施策が必要になると思われる。また，高い業績をあげる部下のコミットメントを維持し高めつつ転職を防止するリテンション・マネジメン

トの観点にたてば，上司の役割として，部下と頻繁に面接するとともに，優秀な部下に昇進可能性を認知させ，これまでの昇進・昇格に対する満足の状況を把握することが重要である。

　第二に，水平的キャリア発達については，垂直的発達についてコミットメントに影響を与える要因であることが明らかにされた。また垂直的発達と同様に，主観的要因の影響とともに，一部の客観的要因（経験部署数）の影響もみられた。配置転換が従業員のコミットメントの向上に資する可能性があるからである。人間関係の改善など副次的な効果もともなう配置転換が，能力に見合った職務への異動や多様な職務の経験による能力の向上をもたらせば，コミットメント向上に対してかなり有効な方策であると考えられる。もちろん，それまで培ってきた技能が拡散し効果を失うような無関係な部門への異動が度重なることは避けねばならない。

　しかし，「最長職種と組織のエリート部門の一致」はコミットメントに影響していなかった。最近，組織においてコア人材（エリート人材）の早期選抜と育成の必要性が指摘されている（リクルート，1995）。しかし，わが国の多くの組織ではアメリカでみられるようなファスト・トラック・プログラム[8]はほとんど導入されておらず，エリート・コースといっても，（ある程度）長期的に保障され評価や処遇上確立されたものにはなっていない状況が一般的である。そのため，早期の選抜や育成は高いコミットメントに結びつかなかったのではないか。この点を明らかにするためには，早期選抜等を意図的に実施している企業との比較を行う必要性があろう。

　また，経験職務数が影響しなかったことから，一般にゼネラリストかスペシャリストかはコミットメントに影響していないことが示唆された。経験職務については，その数ではなく，職務内容およびそれらのつながりという定性的な観点からの分析を行えば，異なった結果を得るかもしれない。

　また，水平的発達の結果から，直属上司の職務配置の重要性がみられた。このことは，直属上司が部下に個別職務を割り当てる際，本人のそれまでのキャリ

アの蓄積に逆行するような頻繁なジョブ・ローテーションを実施したり，逆に長期間同一職務を担当させるため，従業員にとって新たな挑戦や職務経験の機会が不足すると，コミットメントにマイナスの影響をもたらすことを示唆する。

さらに，配置転換が影響する職種（専門分野）の重要性も示唆された。従業員の自己申告の結果を通して希望職種を的確に読みとり，職種が頻繁に変更しないようにする必要がある。従業員のキャリアの柱希望職種が最長経験職種となることで，キャリア上の母港[9]が確立し専門性が高まるようにしていくことが，CDP（キャリア・ディベロップメント・プログラム）展開のポイントとなろう。

最後に，水平的発達において設定した職種・職務・部署の三者の移動ともコミットメントに影響していたことから，本調査のフレームワークの妥当性がある程度認められたと考えられる。今後は，本調査で要因として取り上げなかった部署移動の主観的尺度を補うことと，三者間の関係を究明することを試みたい。

第三に，中心性キャリア発達に関して考察する。組織内キャリア発達において，概念の不明確さや測定の困難性等からこれまであまり注目されてこなかった中心性発達が，主観的要因に限定されてはいたが，垂直的発達および水平的発達とは独立してコミットメントの高さに影響することが明らかにされた。コミットメント向上に資するためにも，職務特性理論にもとづく職務充実化をめざした職務の再設計が必要とされよう。

しかし，客観的要因である本社等での在籍期間はコミットメントに影響していなかった。今後，中心性発達に関する人的資源管理上有用な客観的指標を探索する必要がある。その際，石毛（2002, 43頁）がパートタイム従業員から正規従業員への転換や，組織の重要な意思決定にかかわる委員会に所属することを中心性移動として扱うべきであるとしている点は参考になろう。

第四に，組織間キャリア発達について考察する。転職回数は仮説とは逆にコミットメントにプラスに働いた。最近転職経験者の比率は確実に増大している。しかし，中高年者を中心に依然その回数の多さには抵抗感があることが予想さ

れる[10]。回数が多いことが，これ以上転職したくないというキャリアの固定化，そして現組織へのコミットメントにつながるであろう。つまり，転職によるコストを経験してきた従業員ほど，自己のキャリアを固定化する志向が強まると考えられる。

　第五に，時間軸について考察する。本調査から，過去から現在にいたるキャリア発達要因（昇進満足など），現在のキャリア発達状況を示す要因（職務が挑戦的であること），将来のキャリア発達展望を示す要因（昇進する可能性など）のすべてが組織コミットメントに影響していた。コミットメントは長期的に多くの要因によって影響されて形成されるといわれる。われわれの調査でも，キャリア発達との関係について，長期的スパンで分析する必要性が認められた。たとえば，若年従業員はキャリア発達の蓄積が乏しいため，将来の要因を重視して昇進における敗者復活戦導入など，長期的なキャリア発達の機会を人的資源管理の一環として設けることが必要である。中高年従業員については，逆にこれまでのキャリア発達の蓄積を可能な限り尊重しつつ，イノベーションや職務再編成によるキャリアの変動に対応する職種転換教育をきめ細かく実施し，キャリアの「再構築」を行う必要があろう。

　第六はモデル間の比較である。客観的要因のみによる人的資源管理モデルより，主観的発達要因を取り入れた行動科学モデルの方が，コミットメントをよりよく説明することができた。客観的指標を通して，従業員のコミットメントを高めていくことが困難であり，把握しにくい主観的発達要因の重要性が認められた。このことから，主観的発達要因の把握を通して高業績者のコミットメントの維持向上を図るためには，さまざまな施策を組み合わせていく必要があろう。たとえば，全社的なモラール・サーベイときめ細かいキャリアカウンセリング等の実施が必要とされる。人的資源管理担当者はこれらを効果的に実施するために，人事測定やキャリア・ディベロップメント理論についての専門性を高めるとともに，キャリアカウンセリングなど外部の専門家との連携が必要となろう。

【山本　寛】

注

1) 本章の一部は，第68回産業・組織心理学会部門別研究会において発表された。
2) この部分の記述の多くは山本（2002）に拠っている。
3) 三つの移動の違いは具体的な配置転換を想定すると理解しやすい。たとえば，ある従業員が人事課に在籍したまま，採用から給与計算の職務へのジョブローテーションの対象となった場合はどうであろうか。組織に採用係，給与係が存在すれば部署の移動をともなうが，そうでなければ部署移動はみられないが担当職務の移動がみられることになる。組織内のすべての個別職務がそれぞれ別個の部署（係・課・部等）と対応していないためである。また，従業員が同じ営業分野に含まれる営業第1課から営業第2課へ移動した場合は，部署の移動はみられるが職種の移動はみられない。多くの組織には同一職種（専門分野）に含まれる複数の部署があるからである。そして，経理課から人事課へ異動した場合には以上三つの移動がすべてみられる。これら三つの移動には関連性はあるが，ある程度独立している。たとえば，職場内の人間関係の変化によるキャリア発達への影響は，もっぱら部署の移動を含む水平的移動によってもたらされる。そして，大規模組織の場合，同一職種でもどの部署に所属するかによって，キャリア発達が異なる可能性がある（上司との関係；Wakabayashi, Minami, & Sano, 1984）。
4) 西川（1984）は，本社在籍者も当時の所属部門の利益額等によって，最もセントラルな群（鉄鋼部門所属）と，ややマージナルに近い群（繊維部門所属）に分けている。
5) 性別は男性：0，女性：1とダミー変数化し，学歴は「1. 中学卒」から「5. 大学（院）卒」までを5グループにカテゴリー化し，間隔尺度とみなした（数値が高いほど学歴水準が高くなる）。また，勤続期間は実数値をそのまま採用した。
6) 職位は，1. 取締役以上　2. 事業（本）部長クラス　3. 部（店）長クラス　4. 部（店）次長クラス　5. 課長クラス　6. 課長代理クラス　7. 主任・係長クラス　8. 一般　9. 専門職の9カテゴリーの尺度を設定した。以上のうち，9. 専門職を8. 一般に含め，1. 取締役以上から8. 一般までを8グループにまとめた後，逆転して間隔尺度とした（数値が高いほど職位が高くなる）。
7) ハーズバーグ（Herzberg, 1966）は動機づけ衛生理論にもとづき，上からの統制を減らす等七つの職務充実化策を提案している。
8) ファスト・トラック・プログラム　アメリカの組織に一般的にみられる昇進，異動の特徴である。入社後3～5年で早期に選抜され，選抜者が特別の研修等のキャリア・プログラムに組み入れられ，早く昇進していくシステム。
9) キャリア上の母港　平野（1999）は「キャリアの分化の中の不動点として自分自身の能力を磨いていきたいと考えている職能」（129頁）としている。
10) 転職が多いことを履歴書の「汚れ」ととる意識は完全に払拭されてはいないと考えられる。

参考文献

石毛昭範（2002）「企業内キャリアにおける『中心方向への移動』の位置づけ」『早稲田大学大学院商学研究科紀要』55, 37〜48頁。

石毛昭範（2003）「役員就任に至るキャリアの企業規模別比較——金融機関の内部昇進役員の昇進過程の分析——」『日本労務学会第33回全国大会研究報告論集』117〜124頁。

田尾雅夫（1997）『「会社人間」の研究——組織コミットメントの理論と実際』京都大学学術出版会。

西川一廉（1984）『職務満足の心理学的研究』勁草書房。

平野光俊（1999）『キャリア・ドメイン——ミドル・キャリアの分化と統合——』千倉書房。

日本労働研究機構（現労働政策研究・研修機構）（1993）『大企業ホワイトカラーの移動と昇進——「ホワイトカラーの企業内配置・昇進に関する実態調査」結果報告』調査研究報告書, 37。

日本労働研究機構（現労働政策研究・研修機構）（1994）『ワーク・モチベーションの構造と変化——既存調査, 理論・モデルからの検討』資料シリーズ, 37。

南隆男（1988）「キャリア開発の課題」三隅二不二・山田雄一・南隆男編『組織の行動科学』福村出版, 294〜331頁。

山本寛（1992）「勤労者のキャリア満足の検討——キャリア・ステージ分析を応用して——」『日本応用心理学会第59回大会発表論文集』179頁。

山本寛（1998）「人的資源管理におけるキャリア概念の検討」『千葉商大論叢』36, 85〜105頁。

山本寛（2002）「組織従業員のキャリア発達と組織間キャリア志向との関係」『青山経営論集』37, 29〜51頁。

山本寛（2003）『昇進の研究［三訂版］——キャリア・プラトー現象の観点から——』創成社。

リクルート（1995）『日本的人事システムと人材開発についての調査』リクルート。

Arthur, M.B. & Rousseau, D.M. (1996) 'Introductions: The Boundaryless Career as a New Employment Principle', in Arthur, M.B. & Rousseau, D.M. (eds.) *The Boundaryless Career: A New Employment Principle for a New Organizational Era*, New York: Oxford University Press, 3-19.

Cairo, P.C. (1992) 'Career Planning and Development in Organizations', in H.D.Lea & Z.B.Leibowitz (eds.) *Adult Career Development: Concepts, Issues, and Practices*, 2nd ed, Alexandria, VA: AACD, 296-311.

Chatterjee, S. & Price, B. (1977) *Regression Analysis by Examples*, New York: John Wiley & Sons.

Ference, T., Stoner, T. & Warren, F. (1977) 'Managing the Career Plateau', *Academy of Management Review*, **2**, 602-612.

Greenhaus,J.H., Parasuraman,S. & Wormley,W.M. (1990) 'Effects of Race on Organizational Experiences, Job performance Evaluations, and Career Outcomes', *Academy of Management Journal*, **33**, 64-86.

Hackman,J.R. & Oldham,G.R. (1975) 'Development of the Job Diagnostic Survey', *Journal of Applied Psychology*, **60**, 159-170.

Herzberg,F. (1966) *Work and the Nature of Man*. Cleveland: World Publishing. 北野利信訳 (1968)『仕事と人間性 —— 動機づけ衛生理論の新展開 ——』東洋経済新報社。

Lynn,S.A., Cao,L.T. & Horn,B.C. (1996) 'The Influence of Career Stage on the Work Attitudes of Male and Female Accounting Professionals', *Journal of Organizational Behavior*, **17**, 135-149.

Mathieu,J.E. & Zajac,D.M. (1990) 'A Review and Meta-analysis of the Antecedents, Correlates, and Consequences of Organizational Commitment', *Psychological Bulletin*, **108**, 171-194.

McEnrue,M.P. (1989) 'Self-development as a Career Management Strategy', *Journal of Vocational Behavior*, **34**, 57-68.

Meyer,J.P. & Allen,N.J. (1991) 'A Three Component Conceptualization of Organizational Commitment', *Human Resource Management Review*, **1**, 61-89.

Meyer,J.P. & Allen,N.J. (1997) *Commitment in the Work Place*, Sage Publications.

Mowday,R.T., Steers,R.M. & Porter,L.W. (1979) 'The Measurement of Organizational Commitment', *Journal of Vocational Behavior*, **14**, 224-247.

Schein,E.H. (1978) *Career Dynamics: Matching Individual and Organizational Needs*, Reading, MA: Addison-Wesley. 二村敏子・三善勝代訳 (1991)『キャリア・ダイナミクス』白桃書房。

Schein,E.H. (1980) *Organizational Psychology*. 3rd ed. Englewood Cliffs, NJ: Prentice-Hall. 松井賚夫訳 (1981)『組織心理学』岩波書店。

Veiga,J.F. (1981) 'Plateaued versus Nonplateaued Managers: Career Patterns, Attitudes, and Path Potential', *Academy of Management Journal*, **24**, 566-578.

Wakabayashi,M., Minami,T. & Sano,K. (1984) 'The Japanese Career Progress study: A Seven-year Follow up', *Studies in Sociology, Psychology, and Education*, **24**, 19-34.

8 新規学卒就職者の組織適応と態度変容

8-1. 新規学卒就職者の学校から職業への移行の問題性

　今日，新規学卒就職者（以下，新規学卒者）の学校から職業への移行（school-to-work transition）の問題が大きな社会的関心を集めている。この問題は，フリーターと呼ばれる学校卒業後，進学も正規の就職もしない学卒無業者の増加問題と，就職をしても数年のうちに離職をしてしまう若年従業員の早期離転職の増加の問題を内包している。本章では，後者の早期離転職問題に着目し，職場での組織適応の実情を明らかにしたい。

　マス・メディアは新規学卒者の早期離転職を「7・5・3現象」と呼んでいる。それは，入社後3年以内の離転職が中学卒で7割，高校卒で5割，大学卒で3割となっているためである（なお短大卒では4割である）。その新規学卒者の離職の理由として，「仕事が自分に合わない」（20.3％）がもっとも高い比率を示している（労働大臣官房政策調査部，1999）。なおその第2位は「健康上の理由，家庭の事情，結婚のため」（15.2％）であり，第3位は「人間関係がよくない」（13.0％）であるが，これらは以前から転職理由としてあげられている。勤労者の労働条件を転職理由にあげる比率はやや低く，4，5番目に位置する。この結果は，就職超氷河期といわれる環境のもとで新規学卒者が苦労して就職したにもかかわらず，自発的理由によって離職する傾向が強くなっていることを示している。

　では，学校から職業へ移行し，組織のなかでキャリアを歩み始めたばかりの新規学卒者はキャリア発達論においてどのように位置づけられ，どのような発達課題が提示されているのだろうか。キャリア発達論は，個人のライフサイク

ルを仕事や会社との関連において時間的にいくつかの段階に区分し，その特徴を記述するものである。これまでさまざまな研究者によってキャリア段階とその発達課題が提唱されてきたが，そのなかでも代表的な研究者であるスーパー (Super, D. E., 1957) は，キャリア発達段階を五つに区分している[1]。この区分において，新規学卒者は「探索段階」に位置づけられており，そこでは学校から職業へと移行をするとともに，その職業が自己の一生の職業となるかどうかの実践試行が行われることが指摘されている。すなわち，キャリア探索の段階であるため，学校から職業への移行に際して，実際に就いた職業についてその選択が正しかったかどうかの吟味が行われるのである。したがって，この時期に新規学卒者の離転職行動が一定水準行われることは想像できるが，今日「7・5・3現象」と指摘されるような離転職行動はあまりにも高い比率であると考えられよう。

また，シャイン (Schein, E. H., 1978) はキャリア発達段階を九つに区分している[2]。彼のキャリア発達段階区分のなかで，新規学卒者の組織への参入直後の段階は「基本訓練段階」に該当し，直面する問題として以下の4点が指摘されている (Schein, E. H., 1978)。つまり，(1)仕事およびメンバーシップの現実を知って受けるショックに対処する，(2)できるだけ早く効果的なメンバーになる，(3)仕事の日課に適応する，(4)正規の貢献メンバーとして認められるようになる——次の部内者化境界線を通過する，の4点である。すなわち，新規学卒者の組織参入直後の段階は，組織への社会化段階といえ，新たに入社した組織の規範や価値を習得し，組織固有の行動をするとともに，組織の一員として周りの人間からも認められる存在になることが求められるのである。組織へ適応することがこの段階での大きな発達課題として指摘されよう。このように考えると，新規学卒者の早期離転職問題は，組織社会化段階において組織にうまく適応することが困難であることに起因していると考えられ，新規学卒者の組織適応をいかに円滑に行うかということが重要な課題として指摘される。

ここでは，入社直後と入社1年後の新規学卒者に対する縦断的調査の結果に

もとづき，組織適応の観点から新規学卒者がいかなる態度の変容を示すのかについて明らかにする。具体的には，(1)新規学卒者の態度変容，および(2)その態度変容を引き起こす要因としてリアリティ・ショックとの関連を明らかにする。

8-2. 新規学卒就職者の組織参入後の態度変容とその要因

8-2-1. 組織参入後の態度変容

新規学卒者は，それぞれの企業に就職して新規参入者もしくは新人（new entrant）として扱われる。新人は仕事に慣れるための職務遂行能力を獲得するだけでなく，徐々に組織の規範や価値観を内面化し，ひいては組織文化・組織風土になじむことを期待される。その過程は組織社会化として定義されている（たとえば高橋弘司, 2002）。新人がその組織に社会化する過程において，さまざまな面で組織や職務に対する態度が変わるであろう。この態度変容に関して，これまでの研究は，入社後数年の間に組織へのコミットメント，職務満足が低下し，転職への意思が高まったとする調査結果を得たもの（たとえばMeyer et al., 1991; 水野智ほか, 1987; 鈴木竜太, 2001; 若林満, 1987）と，そのような変化を示さなかったとするもの（たとえば城戸康彰, 1981; 佐野幸子ほか, 2001; 佐々木政司, 1993）に分けられる。しかしこれらの研究の多くは，ある一時点での調査（横断的調査）をもとに入社直後と入社後数年を経た従業員を比較している。同一集団を対象として一定期間後にその態度変容を明らかにする縦断的調査はあるものの，わが国では女性社員に限る調査（佐々木政司, 1993），看護師を対象とする調査（佐野智ほか, 2001）に限られており，一般従業員を対象とする先行研究は見当たらない。

本調査は一般従業員の組織コミットメント，モチベーション，転職意思の入社直後と1年後の変化を追跡する縦断的調査によって観察することを企図した。この調査によって，近年の新規学卒者が離転職する要因の一端を検証することができるであろう。

結果を予想する仮説として，新規参入者の「組織コミットメントは1年後に

低くなるであろう」(仮説1-a),「モチベーション(達成動機)は1年後に低くなるであろう」(仮説1-b),「転職意思は1年後に高くなるであろう」(仮説1-c)である。つまり,新人は入社した後に,組織への愛着や忠誠心が醸成されず,仕事に対する動機づけは弱まり,その結果として1年後にはその企業から離れて他へ転職する意思が高まるのではないだろうか。

8-2-2. 態度変容とリアリティ・ショック

　新規参入者が企業になじんで適応するかどうかは,その組織への社会化を達成する重要な要素である。そして社会化過程のなかで組織や仕事に対する態度が変わる。この態度変容を引き起こす要因として「リアリティ・ショック」の概念を取り入れた。リアリティ・ショックは,新規参入者が入社前に抱いていた企業の組織や仕事についての情報,知識,期待と入社後に経験した現実との間のギャップから生じるショックを意味する。すなわち,新規学卒者は就職活動中に自己および会社についての情報を収集し,一定の会社や仕事のイメージを形成して職業選択を行う。しかし,就職が決定していざ会社に入社してみると必ずしも当初考えていたイメージや期待とその現実は一致するものではなく,そのギャップから生じるショック(幻滅感)を受けて,組織に対する愛着や仕事へのモチベーション,ひいては他の会社への転職を考えるようになってしまうと推察されるのである。われわれはこのリアリティ・ショックを入社時から1年後の間の態度変容に影響を及ぼす要因として位置づけ,調査を実施するにあたっての操作概念として,複数の内容のショックによって構成した(図表8-1)。

　そして態度変容の三つの内容とリアリティ・ショックの間に以下の関係があると予測されるため,それを仮説として設ける。新規参入者の「組織コミットメントの変化とリアリティ・ショックの間には負の関連がある」(仮説2-a)。つまり組織コミットメントが低くなることとリアリティ・ショックが大きいこととは関連があるであろう。「モチベーション(達成動機)の変化とリアリティ・ショックの間には負の関連がある」(仮説2-b)。つまりモチベーションが低

くなることとリアリティ・ショックが大きいこととは関連があるであろう。
「転職意思の変化とリアリティ・ショックの間には正の関連がある」（仮説2-c）。つまり転職への意思が増大することとリアリティ・ショックが大きいこととは関連があるであろう。

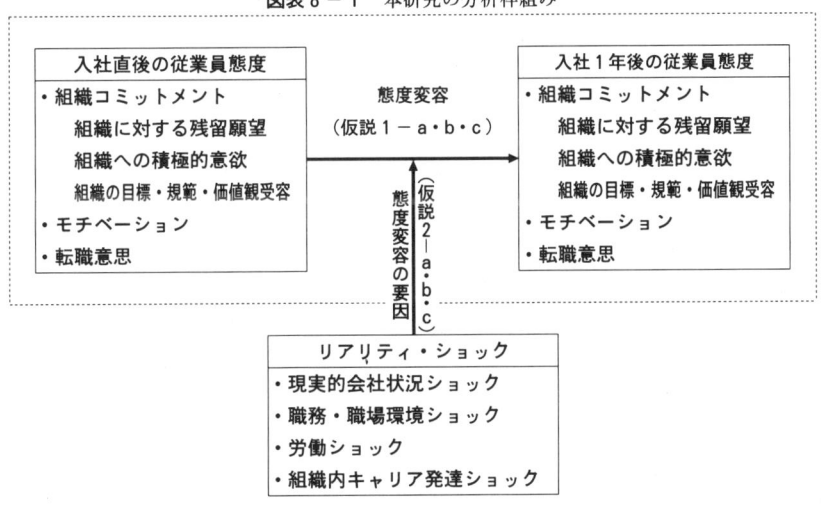

図表8-1　本研究の分析枠組み

```
┌─────────────────────────┐   態度変容   ┌─────────────────────────┐
│ 入社直後の従業員態度      │ (仮説1-a·b·c) │ 入社1年後の従業員態度     │
│ ・組織コミットメント       │──────────→│ ・組織コミットメント       │
│   組織に対する残留願望    │              │   組織に対する残留願望    │
│   組織への積極的意欲       │              │   組織への積極的意欲       │
│   組織の目標・規範・価値観受容│          │   組織の目標・規範・価値観受容│
│ ・モチベーション           │              │ ・モチベーション           │
│ ・転職意思                 │              │ ・転職意思                 │
└─────────────────────────┘              └─────────────────────────┘
           態度変容の要因 (仮説2-a·b·c)
                    │
          ┌─────────────────────┐
          │ リアリティ・ショック  │
          │ ・現実的会社状況ショック│
          │ ・職務・職場環境ショック│
          │ ・労働ショック         │
          │ ・組織内キャリア発達ショック│
          └─────────────────────┘
```

8-3. 調査の概要

8-3-1. 調査対象と手続き

われわれは，入社直後の新入社員に対して調査1を，そして新入社員が入社後1年経過した段階で調査2を実施し，この縦断調査によってデータを得た。

調査1は，2002年4月に民間企業の新入社員研修において実施された。調査対象は，同年4月入社の新入社員である。協力を得られた企業に対して，質問紙を配布，回答を依頼した（集合一括調査）。一部の質問紙はその場で回収し，それ以外は，企業の担当者に回収を依頼した。結果として，合計183部（男性99部，女性84部）の回答を得た。調査2は，1年後の2003年4月から5月にかけて実施された。調査対象は調査1に協力された183名である。そして，77部

図表 8 − 2　本調査におけるサンプルの特性

性　　別	(N=74)	男　性	34(45.9)	女　性	40(54.1)
年　　齢	(N=74)	最少年齢	18	最高年齢	29
		平均年齢	20.5811	標準偏差	2.4214
学　　歴	(N=74)	高校卒	30(40.5)	専門学校卒	2(2.7)
		短大卒	19(10.5)	大学卒	34(46.0)
会社規模	(N=72)	300人未満	27(36.5)	300人以上	45(60.8)
会社業種	(N=72)	製造業	52(70.3)	金融業	17(23.0)
		サービス業	1(1.4)	建設業	1(1.4)
		その他	1(1.4)		
職　　種	(N=71)	総務・庶務	5(6.8)	営業・販売	1(1.4)
		営業・事務	18(24.3)	製造	24(32.4)
		国際・輸出入	1(1.4)	研究・開発設計	7(9.5)
		生産技術・生産管理・品質管理	8(10.8)	経理・財務	1(1.4)
		その他	6(8.1)		

（　）内の数値の単位は％，Nは総数を示す。

（回収率：42.1%）を回収することができたが，調査2とマッチングできないサンプルを除いた74部（有効回収率：40.4%）を集計した[3]。サンプルの特性は図表8−2の通りである。

8-3-2. 調査項目と測定尺度

調査1，2とも(a)組織コミットメント，(b)モチベーション（達成動機），(c)転職意思を尋ね，調査2では(d)リアリティ・ショックを測定する項目を追加した。

(a) **組織コミットメント**──この質問項目は関本昌秀・花田光世（1985；1986）によって開発され，関本昌秀（1992）によって修正された30項目のなかから11項目を用いた。回答尺度は「そう思う＝5」から「そう思わない＝1」の5段階評定によって測定した。なお，組織コミットメントは下位要素が設定されているため，入社1年後の組織コミットメントに対して因子分析を行った（主因子法・プロマックス回転）。その結果，4因子が抽出されたが，第4因子を構成する2項目は先行研究（e.g., 関本, 1992）と異なり逆転項目として抽出され，

また信頼性係数も低い値（入社直後 $\alpha = .32$；入社1年後 $\alpha = .41$）であったため，尺度構成から除外した。以下，各因子をみていく。

第1因子は，「この会社にこのまま勤めていれば安心なので，よその会社に移ることなど考えられない」などの5項目であり，先行研究（関本, 1992）で「残留願望」に高い因子負荷量を示している項目で構成されていることが明らかになった。そこで，この第1因子を「組織に対する残留願望（入社直後 $\alpha = .74$；入社1年後 $\alpha = .88$）」と命名する。

第2因子は，「この会社にとって本当に必要があるならば，どんな仕事でも，またどんな勤務地に行っても，これまで以上に頑張る」などの2項目であり，先行研究（関本, 1992）の「積極的意欲」に高い因子負荷量を示している項目で構成されていることが明らかになった。そこで，第2因子を「組織への積極的意欲（入社直後 $\alpha = .75$；入社1年後 $\alpha = .60$）」と命名する。

第3因子は，「この会社の経営理念や組織の規範は自分には抵抗なく受け入れられる」などの2項目であり，先行研究（関本, 1992）で「目標・規範・価値観の受け入れ」に高い因子負荷量を示している項目で構成されていることが明らかになった。そこで，第3因子を「組織の目標・規範・価値観受容（入社直後 $\alpha = .75$；入社1年後 $\alpha = .83$）」と命名する。

以上，新規学卒者の組織とのかかわり方として(1)組織に対する残留願望，(2)組織への積極的意欲，(3)組織の目標・規範・価値観受容の三次元が明らかとなった。したがって，以下の分析において組織コミットメントは上記三次元にもとづき検討を行う。

(b) モチベーション（達成動機）──この質問項目は山本寛（2000）において自己充実的達成動機づけを測定するために用いられた4項目のなかから3項目（「新知識や技術が得られるものに進んで接したい」，「苦しくとも素質や能力を生かす仕事をしたい」，「皆に喜んでもらえる素晴らしいことをしたい」）を用いた。山本（2000）は，達成動機を「障害を克服し，困難な物事を迅速かつ立派にやり遂げるために努力しようとする動機」と規定し，自己充実的達成動機づけは達成動機の一

側面であることを指摘している。ここでは回答尺度を「そう思う＝5」から「そう思わない＝1」の5段階評定によって測定した。モチベーションの信頼性係数は，入社直後で $\alpha = .57$，入社1年後で $\alpha = .77$ であり，入社直後において若干低い値であるが，3項目を合成してモチベーション尺度として用いた。

(c) 転職意思——この質問項目は山本（1995）で用いられた転職意思を一部修正した2項目（「私は現在と違った会社に転職したい」，「現在所属している会社を辞めたい」）を用いた。回答尺度は「そう思う＝5」から「そう思わない＝1」の5段階評定によって測定した。転職意思の信頼性係数は，入社直後が $\alpha = .79$，入社1年後が $\alpha = .83$ であり，内的一貫性が確認された。

(d) リアリティ・ショック——調査2において設定されたリアリティ・ショックの項目は，根本（2002）の大卒若年従業員におけるRJP (realistic job preview: 現実的職務予告) のギャップを尋ねる項目を一部修正した14項目である。これは組織参入前の期待と現実との違いを尋ねる項目であるため，回答尺度は当初の期待と現実との間のギャップを「感じた＝5」から「感じなかった＝1」の5段階評定によって測定した。なお，リアリティ・ショックに関する項目の因子構造を明らかにするために，因子分析を行った（主因子法・バリマックス回転）。その結果，4因子が抽出された。以下，各因子をみていく。

第1因子は，「会社の安定性」，「給与・賞与」，「能力向上の機会」などの5項目であり，これらの項目は会社の安定性および将来性，給与・賞与といった現実的な会社状況に関する参入前の期待と現実とのギャップを表すものと考えられる。この第1因子を「現実的会社状況ショック（$\alpha = .82$）」と呼ぶ。

第2因子は，「職場の人間関係」，「仕事の内容」，「職場環境」などの5項目であり，これらの項目は当初考えていた仕事の内容ややりがいといった職務と職場の人間関係や雰囲気などの職場環境に関する現実とのギャップを表しているものと考えられる。この第2因子を「職務・職場環境ショック（$\alpha = .78$）」と名づけた。

第3因子は，「労働時間」と「仕事と生活の両立」の2項目である。この2

項目は，労働に関する当初の期待と現実とのギャップを表しているものと考えられる。この第3因子を「労働ショック（$\alpha=.65$）」と命名した。

第4因子は，「昇進可能性」と「自分の専門知識・資格との関連」の2項目である。この因子は，自分の専門知識や資格とあった昇進もしくはキャリア発達に関する期待と現実とのギャップを表しているものと考えられ，「組織内キャリア発達ショック（$\alpha=.69$）」と呼ぶ。

以上，新規学卒者のリアリティ・ショックとして(1)現実的会社状況ショック，(2)職務・職場環境ショック，(3)労働ショック，(4)組織内キャリア発達ショックの4次元が確認された。そこで，新規参入者の態度変容と上記のリアリティ・ショックの各次元との関連を以下で検討する。

8-4. 分析の結果

8-4-1. 入社直後と1年後の態度変容

入社直後と1年後で新規学卒者がいかなる態度変容を示すかを明らかにするために，t 検定を行った（図表8-3）。その結果，組織コミットメントでは，組織の目標・規範・価値観受容において有意な差が確認された。すなわち，新規学卒者は入社直後よりも1年後において，組織の目標や規範，価値観の受容度が低くなるといえよう。また，組織に対する残留願望では有意な差は確認されていないものの，1年後にその意識が低下する傾向が明らかとなった。組織への積極的意欲は1年後になることによって若干値が上がっているものの，ほとんど差がない。

ついで，モチベーションと転職意思における入社直後と1年後の変化の結果をみると，双方とも有意な差が確認された。新規参入者のモチベーションは入社直後よりも1年後において低くなり，また転職意思は入社直後に比べて1年後の方が高くなっている。すなわち，新規参入者は就職後1年間で，モチベーションを低下させ，転職に対する意思を高めることになる。

以上の結果から，仮説1-aの「組織コミットメントは1年後に低くなるで

あろう」は部分的に支持された。また仮説1－bの「モチベーション（達成動機）は1年後に低くなるであろう」も支持された。最後に仮説1－c「転職意思は1年後に高くなるであろう」も支持された。

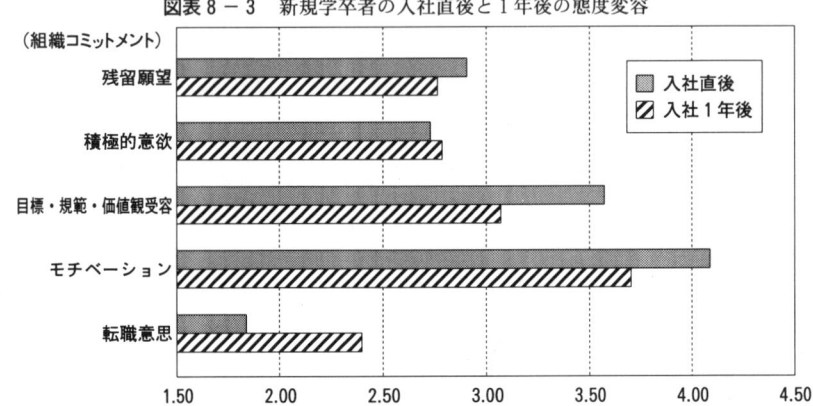

図表8－3　新規学卒者の入社直後と1年後の態度変容

年　数	直　後	1年後		
	平均値（SD）	平均値（SD）	t 値	
・組織コミットメント				
組織に対する残留願望	2.99（.81）	2.81（.99）	1.61	
組織への積極的意欲	2.80（.92）	2.85（.97）	−0.38	
組織の目標・規範・価値観受容	3.61（.87）	3.09（1.07）	3.93 ***	直後＞1年後
・モチベーション	4.13（.67）	3.74（.81）	4.87 ***	直後＞1年後
・転職意思	1.86（.90）	2.45（1.19）	−4.23 ***	直後＜1年後

*** $p<.001$

8-4-2. 新規学卒者の態度変容とリアリティ・ショックとの関連

新規学卒者の入社直後から1年後の態度変容とリアリティ・ショックとの関連を明らかにするために，各態度変数の入社から1年後の変化量（変化量＝入社1年後の平均値－入社直後の平均値）とリアリティ・ショックとの相関分析を行った（図表8－4）。以下，各態度変数ごとに結果をみていく。

まず組織コミットメントの変化とリアリティ・ショックとの関連では，組織

に対する残留願望とリアリティ・ショックの各次元との間に有意な相関が確認された。残留願望と現実的会社状況ショックおよび職務・職場環境ショック，組織内キャリア発達ショックとの間に負の有意な相関があることが明らかとなり，残留願望と労働ショックとの間で負の相関の傾向があることが明らかになった。この結果は新規学卒者が会社の安定性や将来性，給与・賞与などに関する当初の期待と現実との間のショックを大きく感じれば感じるほど，会社に留まりたいという願望が低くなることを意味する。同様に，仕事の内容ややりがい，職場の雰囲気といった職務・職場環境に関するショックや組織内キャリア発達に関して期待と現実の間でのショックを大きく感じるほど，組織に対する残留願望が低下するといえよう。それに対して，組織への積極的意欲や組織の目標・規範・価値観を受容することとリアリティ・ショックとの間には，有意な関係がないことが明らかにされた。

図表8-4 新規学卒者の態度変容とリアリティ・ショックとの関連（相関分析）

	組織コミットメント			モチベーション	転職意思
	組織に対する残留願望	組織への積極的意欲	目標・規範・価値観受容		
リアリティ・ショック					
・現実的会社状況ショック	−.438***	−.149	−.171	−.292*	.080
・職務・職場環境ショック	−.304*	−.152	−.137	−.160	.250*
・労働ショック	−.207+	−.093	−.019	−.114	.030
・組織内キャリア発達ショック	−.248*	−.123	−.055	−.058	.021

*** $p<.001$　** $p<.01$　* $p<.05$　+ $p<.10$

ついで，モチベーションと現実的な会社状況に関するショックとの間で負の有意な相関が確認された。つまり，新規学卒者が入社後に会社の安定性や将来性，給与や賞与の状況に関して期待と現実との間のショックを多く感じれば感じるほど，新しい知識や技術の獲得に進んで接するといったモチベーションが低下してしまうのである。ところが，モチベーションとその他のリアリティ・ショック項目との間には有意な関連はなかった。

最後に，転職意思とリアリティ・ショックとの関連では，現実的会社状況ショッ

クや労働ショック，組織内キャリア発達ショックとの間の有意な相関は確認できなかったが，職務・職場環境ショックとの間で正の有意な相関が確認された。この結果から，新規参入者が仕事のやりがいや内容，職場環境などに関して期待と現実との間のショックを感じれば感じるほど，会社を辞めて，別の会社へ転職したいという意思を高めていってしまうといえよう。

以上の結果より，仮説2－aの「組織コミットメントの変化とリアリティ・ショックの間には負の関連がある」は部分的に支持された。また仮説2－bの「モチベーション（達成動機）の変化とリアリティ・ショックの間には負の関連があるだろう」は支持された。最後に仮説2－c「転職意思の変化とリアリティ・ショックの間には正の関連がある」も支持される結果になった。

8-5. 結果の考察

今日，新規学卒者の組織への適応が困難ななか，入社後1年間で組織への愛着（組織コミットメント），仕事へのモチベーション，転職に対する意思にいかなる変化があるのか，またその態度変容とリアリティ・ショックとの間にいかなる関連があるのかについて検討を試みた。その検証結果は図表8－5のようにまとめられよう。以下では，この検証結果を踏まえて，新規学卒者の早期離転職問題について考察を加えたい。

図表8－5　仮説検証結果のまとめ

仮説	対象	仮説の方向	検証結果	具体的内容
態度変容				
1－a	組織コミットメント	低下	部分的に支持	目標・規範・価値観受容のみ低下
1－b	モチベーション	低下	支持	
1－c	転職意思	上昇	支持	
態度変容とリアリティ・ショックとの関連				
2－a	組織コミットメント	負	部分的に支持	残留願望←現実的会社状況ショック 残留願望←職務・職場環境ショック 残留願望←組織内キャリア発達ショック
2－b	モチベーション	負	支持	←現実的会社状況ショック
2－c	転職意思	正	支持	←職務・職場環境ショック

第一に，入社直後から1年後に，新規学卒者は会社の目標や規範，価値観を受容せず，また新しい知識や技術を獲得しようとする意欲（モチベーション）を高めることなく，他の会社への転職の意思を強めた。これまで新規参入者の態度変容の研究において，参入後すぐに組織へのコミットメントが低下することを報告するものとそのような変化を示さなかったとする結果があった。われわれの調査は前者の結果を支持するものといえよう。そして組織コミットメントの項目のうち組織の目標・規範・価値観の受容が低下することも確認した。キャリア発達モデルにおいて，新規学卒者の組織参入後の課題は，組織の規範や価値，文化を習得し，組織の一員として周りから認められるようになることである。しかし実際には新規学卒者が組織の規範や価値観を習得するどころか，逆にその受容度を低下させてしまっていることが明らかになった。このことは，組織への不適応を引き起こしかねず，今日の若年従業員の早期離転職行動の背景と考えられる。

　このように新規学卒者が入社後1年間で会社の規範や価値観の受容度合いを低下させている状況のもとで，企業はそのような態度の高揚に効果があると考えられてきた導入教育を削減させてきている。新入社員教育は多くの企業において実施されているが，不況を背景にして教育投資は削減傾向にあり，新入社員教育期間は短縮しその規模は縮小している。またこれまで行われていたフォローアップ研修を取りやめる企業も多くなってきている。このようななか，企業は新規学卒者に対して徹底した定着管理を実施することが必要であろう。積極的に定着管理を実施している事例として，株式会社かに道楽（以下，かに道楽）の施策を取り上げてみたい（雇用振興協会，2004）。

　かに道楽は外食産業の企業であり，従業員は夜間勤務，土日勤務が多いという外食産業特有の労働環境ゆえに新規学卒者の定着が困難であった。それに対応するために，以前は多数の新規学卒者を採用するという方策を用いていたが，近年多くの人を採用するというよりも少人数の新規学卒者を採用し，その後の定着に積極的に取り組んでいる。そこでは，具体的な定着管理施策として「保

護者会」と「定着指導会」が実施されている。「保護者会」とは，会社と従業員，従業員の保護者の三者による意見交換会のことであり，従業員の会社に対する誤った認識，および会社が従業員に対してもつ誤った印象を解消するために，入社1年目と2年目の従業員を対象に実施している。この保護者会では，普段従業員本人が会社に対して直接いえないことを保護者が代わりに意見を述べるなど，会社と従業員だけでなく保護者も含めた三者関係によって新規学卒者の円滑な組織適応を促進することを企図している。また「定着指導会」とは，新規学卒者が入社した6月にその恩師を招待して，一緒に懇談をする会である。

　この事例で示した定着管理施策は，特定の企業の一例にすぎず，その他の有効な施策も考えられよう。しかし，この企業で行われた定着管理施策の背後には，大量に新規学卒者を採用し，入社後企業を辞めずに残った従業員を活用するといった姿勢から，限られた必要な新規学卒者を採用し，その新規参入者を企業が責任をもって育成，活用していくという経営方針への転換が示唆される。

　第二に，新規学卒者の入社後の態度変容とリアリティ・ショックとの関連について，リアリティ・ショックがそれら態度の変化と否定的な関連を有していた。リアリティ・ショックのなかでも会社の安定性や給与・賞与などの現実的な状況，仕事内容，職場の雰囲気などの職務および職場環境に関して，当初の期待と現実とのショックが，新規学卒者の入社後の組織適応に重大な影響を与える可能性をもつといえる。では，このような新規学卒者のリアリティ・ショックはどのような要因によって引き起こされるのであろうか。以下，情報化時代を迎えた企業の採用方法の変化という観点から考察をしてみたい。

　近年，企業の採用方法として，Eメールによるエントリーシートの導入やホームページによる企業情報の提供などインターネットの活用が急速にすすんでいる。そのため従来からのOB・OG訪問や訪問会社数が減少し，企業セミナー・説明会への参加，人事担当者と接触する機会も減少している（鈴木敦雄，2001）。この変化により，就職活動中の学生はこれまでよりも情報を容易に入手することができ，企業は採用費の抑制につながるという効果をもっているが，学生が

エントリー先の会社の人間と直接話をしたり，質問をしたりするという人的接触が極端に減っている。OB・OGや企業の人事担当者との人的接触による情報収集が減り，インターネットによるバーチャルな世界での情報収集が増えるということは，就職活動中の学生にとって誤った会社や仕事のイメージを形成する恐れがある。根本孝（2002）においても現実的仕事情報の把握にはインターネットでは限界があることが指摘されている。このように考えると，インターネット採用の進展によって新規学卒者が組織参入前に誤った組織，仕事に対するイメージや過剰な期待を抱き，入社後の現実とのギャップが大きくなり，リアリティ・ショックを引き起こしてしまう可能性がある。その対策として組織参入前の段階では，新規参入者は近年積極的導入が図られているインターンシップなどの啓発的経験に参加することにより，会社や仕事に関するより現実的なイメージを形成するように努めることが必要であろう。しかし，いざ会社に入社するとそれまで考えていたものとは異なるギャップに直面し，少なからずショックを受けるのも現実であろう。では，それに対応するには企業ではどのような施策を導入することが考えられるであろうか。

　三井造船システム技研は，興味深い定着施策を実施している（雇用振興協会，2004）。そこでは入社後半年の間，新規学卒者を各部署へ配置せず，人事部預かりで各種研修を行うことによって，新規参入者の本人適性の把握と会社内の各部署を理解することを行っている。そしてそのうえで本人の適性，希望を聞いて，各部署への配置を行っているのである。この定着施策を導入した1999年以降，新規学卒者の退職はほとんどないことが報告されている。この施策は，半年間会社のなかの現実を観察させると同時に，自己の適性を再検討させることによって，新規学卒者が組織参入前に抱いていた期待と現実との間のリアリティ・ショックを低減させる効果を果たし，それが定着に結びついていると考えられる。したがって，入社段階で配属先を決定するのではなく，新規学卒者に会社状況の把握および自己適性を再検討する期間を設けてから配属先を決定する「適性配置期間」を導入することは一定の効果があると考えられる。

以上，事例を踏まえながら若干の考察を行ってきたが，昨今若年従業員の早期離転職問題が社会的関心を集めるなか，企業は良い人材を確保するという採用のみに人的資源管理上の関心を示すのではなく，今後採用した新規参入者をいかに定着させるかといった定着管理に対して積極的に取り組むことが求められるであろう。　　　　　　　　　　　　　　　　　　　　　　　【竹内　倫和】

注
1）Super（1957）は個人のキャリア発達を受胎から14歳頃までの「成長段階（growth stage）」，15歳から25歳頃までの「探索段階（exploratory stage）」，25歳から45歳頃までの「確立段階（establishment stage）」，45歳から65歳頃までの「維持段階（maintenance stage）」，65歳頃からの「下降段階（decline stage）」の5段階に区分している。なお各段階の年齢区分はあくまで目安であり，個人によってかなり異なる。
2）Schein（1978）は個人のキャリア発達を「成長・空想・探究段階」，「参入段階」，「基本訓練段階」，「初期キャリア段階」，「中期キャリア段階」，「中期キャリア危機段階」，「後期キャリア段階」，「下降段階」，「引退段階」の9段階に区分している。
3）本調査対象者は，すべて入社1年後に離職をせずに企業で継続して働いている新規参入者のみであり，離職者は分析に含まれていない。

参考文献
城戸康彰（1981）「若手従業員の組織コミットメントの形成——組織社会化の解明に向けて——」『金沢経済大学論集』15, 95～119頁。
雇用振興協会編（2004）『民間企業における高学歴者（大学卒・大学院修了）の採用・育成・活用』雇用振興協会（印刷中）。
佐々木政司（1993）「組織社会化過程における新入社員の態度変容に関する研究——幻滅経と入社8カ月後の態度・行動の変化——」『経営行動科学』8(1), 23～32頁。
佐野幸子・水野智（2001）「離転職意図の変容——看護職を対象とした縦断データをもとに——」『経営行動科学学会第4回年次大会発表論文集』154～157頁。
鈴木敦雄（2001）「大学新卒者の採用・就業行動の変化——リクルート社の調査を中心として——」『日本労働研究雑誌』490, 33～43頁。
鈴木竜太（2001）「初期－中期キャリア・プロセスにおける組織コミットメントの変化」『経営行動科学学会第4回年次大会発表論文集』144～149頁。
関本昌秀・花田光世（1985）「11社4539名の調査分析にもとづく企業帰属意識の研究（上）」『ダイヤモンド・ハーバード・ビジネス』10(6), 84～96頁。

関本昌秀・花田光世 (1986)「11社4539名の調査分析にもとづく企業帰属意識の研究 (下)」『ダイヤモンド・ハーバード・ビジネス』11(1), 53～62頁。

関本昌秀 (1992)「企業帰属意識の変化」『法学研究』65(1), 287～312頁。

高橋弘司 (2002)「組織社会化」宗方比佐子・渡辺直登編著『キャリア発達の心理学——仕事・組織・生涯発達——』川島書店, 31～54頁。

根本孝 (2002)「新学卒者の就職とRJP (現実的仕事情報) の実態：大卒若年層および企業アンケート調査による考察」『経営論集』50(1), 37～59頁。

水野智・江幡美智子・山元雅之・吉田尚美 (1987)「勤続年数による看護職の職務態度の変化」『病院管理』24, 43～49頁。

山本寛 (1995)「勤労者のワーク・コミットメントの比較とその関係要因の検討(2)——キャリア上の決定・行動との関係を中心にして——」『日本労務学会年報』66～75頁。

山本寛 (2000)『昇進の研究——キャリアプラトー現象の観点から——』創成社。

労働大臣官房政策調査部編 (1999)『平成9年調査 若年者就業の実態』大蔵省印刷局。

若林満 (1987)「キャリア発達に伴う職務満足・組織コミットメントの変化について」『日本労務学会年報』105～115頁。

Meyer, J. P., Bobocel, D. R., and Meyer, J. P. (1991) 'Development of Organizational Commitment During the First Year of Employment: A Longitudinal Study of Pre- and Post-Entry Influences,' *Journal of Management* 17(4), 717-733.

Schein, E. H. (1978) *Career Dynamics: Matching Individual and Organizational Needs*, Reading, MA: Addison-Wesley. 二村敏子・三善勝代訳『キャリア・ダイナミクス』白桃書房, 1991年。

Super, D. E. (1957) *The Psychology of Careers*, New York: Harper & Row. 日本職業指導学会 (現日本進路指導学会) 訳『職業生活の心理学』誠信書房, 1960年。

9 人的資源管理の戦略化
—— アメリカとイギリスを中心に ——

　現在，世界の多くの社会において，人的資源管理の用語が一般化している。この用語が普及した背景は，それぞれの国や地域によって異なるであろう。労務管理，人事管理，労使関係などの用語や概念はどのように位置づけられてきたのであろうか。そして人的資源管理はどのような過程を経て一般化してきたのであろうか。ここではアメリカの人的資源管理を，労使関係と労働関係，公民権法の法制上の整備と関連させて叙述する。イギリスについては，伝統的な労使関係，人事管理から人的資源管理への転換を中心に考察する。

9-1. アメリカにおける経営管理観の推移と法的整備

　アメリカの企業における人的資源管理の実体は，すでに19世紀後半には企業の規模が拡大し，工場労働者は劣悪な労働条件のもとでの労働の強化に対応する形でみられた。当初の労働者の管理がアメとムチによる原生的労務管理であったのは，他の国の初期資本主義におけるのと同様であった。その後，多くの管理論が登場し，労働者の管理をより客観化する試みが重ねられてきた。労務管理，人事管理を経て，人的資源管理が理論的にも経営プラクティスの面でも定着した道程は決して平坦なものではなかった。その過程の分析と叙述には膨大な紙幅を必要とする。以下はその略史である。

9-1-1. 19世紀の労使関係と合衆国公務委員会

　分業体制が発達した19世紀の後半の時期に，職種別の労働組合が結成され，経営者による労働者の乱用に反撥して，1886年にシカゴのMcCormick Reaper工場でストライキが発生した。以降，長年にわたって裁判所は経営者を支持し

反組合のスタンスを墨守してきたが，ようやく1935年にいたって全米労使関係法（National Labor Relations Act, Wager Act, ワグナー法）が議会を通過した。同法の成立により，全国労使関係委員会が認めた交渉単位（bargaining unit）は経営側と団体交渉を行使する権利をもつようになった。

またワグナー法制定よりずっと早い時期に成立したペンデルトン法（Pendelton Act, 1881年）により合衆国公務委員会（U.S. Civil Service Commission, 今日では合衆国人事管理局 U.S. Office of Personnel Management として知られている）が設置され，公務員についての進歩的な人事管理の基本的な原則（競争的試験，メリットによる昇進などを含む）が定められた。この原則はやがて民間企業や州政府の人事管理のプラクティスに影響を及ぼすにいたる。

9-1-2. 科学的管理法と産業心理学

20世紀に入って科学的管理運動が起こり，効率的な人的資源管理を創始する展望がひらかれた。職務の科学的研究つまり時間・動作研究を通じて『科学的管理の原則』をまとめ，科学的管理運動のパイオニアの役割を果たしたテイラー（Taylor, Frederick Winslow）は，ある職務に選ばれた個人が身体的・精神的な面で完全にマッチすべきであると主張した。彼は出来高賃金インセンティブ・システム（wages piecework incentive system）や労働の社会的側面にも関心を抱いた。また，作業集団の生産性に関してテイラーは懐疑的であったが，彼の労働についての洞察は今日でも一定の評価を受けている。

同じく20世紀には初期の産業心理学研究が生まれた。『心理学と産業能率』（*Psychology and Industrial Efficiency*）は路面電車の運転手，海員，電話交換手の実験結果を所収している。その著者ムンスターバーグ（Munsterberg, Hugo）の人的資源に与えた貢献は，職務の分析が職務を行うのに要求される能力および検査方法（適性検査など）の開発に関することである。検査方法の開発は第1次世界大戦期の知能検査やその後の態度，興味，パーソナリティの心理学的測定につながった。

9 人的資源管理の戦略化　187

　さらに1910年前後には民間企業に近代的な人事部（modern personnel department）が出現した。この用語は1909年の合衆国公務委員会報告書の索引として掲載され，1910年の同報告書では本文の見出しに用いられた。1900〜20年の期間に，科学的管理，産業心理学の発展，および連邦政府の公務業務に変化がみられるとともに，民間企業において多くの人事専門家（personnel specialists）が出現した。この専門家は，雇用，従業員の福利厚生（金融，住宅，医療，教育），賃金決定，安全，訓練，保健の各分野を管理し発展させた。この種の専門分化は近代的人的資源管理部門の組織化のための基礎を形成した。

9-1-3. 人間関係運動から行動科学へ

　1923年にウェスタン電機社のシカゴのホーソン工場（Hawthorne Works）で，職場の生産性に関する実験的な研究が開始され，1930年代初頭まで続いた。このホーソン実験は大きく照明実験，継電器組立集団の実験，バンク捲線作業の観察の3段階を経た。照明実験はテイラー主義にもとづいて，職場環境が生産性に影響を及ぼすとの前提で，全国研究審議会によって実施された。ところが実験データは仮説を検証するにいたらず，その後の研究はメーヨー（Mayo, Elton）に依頼された。メーヨーは継電器組立作業でコントロール集団を設けて，職場環境や作業条件を変えつつ実験を繰り返したが，結果的には作業員の選好によって編成された作業集団がもっとも高い生産性を示すことを見出した。バンク捲線部門の調査は，インフォーマルなリーダーによる影響力が大きく，成員が作業集団のインフォーマルな規範に同調することを明らかにした。

　このホーソン実験から，集団のチームワークと協働を重視する人間関係運動が，全米だけでなく諸外国にも拡大した。集団行動と労働者の感情が勤労意欲と生産性に関連をもつとする確信は，誤解にもとづく人間関係管理を生じさせることがあった。それは1950年代にPet Milk社のPet Milkアプローチと称されるものである。会社のピクニック，新しい地位シンボル，コーヒー室の設置など，労働者の職場環境を良くすることによって，幸福な労働者像をうちたて

た。ところがこれが短期的な視野のもとで労働者を操作する方策であったため，1960年までに終止符をうつにいたった。

9-1-4. 行動科学の学際性

個人，集団，組織を対象とする各分野の研究者は，組織における人間行動，人間関係，社会関係に関心を寄せてきた。社会心理学，産業心理学のうち組織研究に焦点づけを行う分野は組織心理学として，また産業社会学のうち組織分析にかかわる分野は組織社会学として独自に対象を限定し分析枠組を構築してきた。哲学者や生物学者も組織の機能に関心を示したり，組織内の人間行動を分析するようになる。起点となる学問分野の境界を越えて新たな研究分野が形成される。組織論，組織行動論はその代表例である。これらを総合的にとらえる行動科学は当初から学際的性格が強かった。行動科学は1990年代の情報革命の波を取りこみつつ組織や人的資源の事実認識を深めてきたといえよう（以上はCasio, W.F., 1995, pp.34-39. および岩内亮一，1978, 39～43頁による）。

9-1-5. 公民権法の制定とその後の変化

公民権法が実質的に制定された1964年以降，企業の人的資源管理は，政府の責任（government accountability）と考えられるようになった。とりわけ反差別法，年金法，保健安全法，連邦規制機関，法解釈のガイドライン，裁判手続きのすべてが公的に扱われ，その結果として人的資源管理はその機能の重要性を高めることになった。なおこの頃から人的資源管理（以下，HRMと略称）の用法が，より広汎に用いられるようになった。公民権法大改正以前，多くの企業に独立した人事部が設置され，従業員の個人データの集約，福利厚生，訓練などに役立てられたが，1964年からは全従業員のHRMはトップ経営層が責任を負う事項となった。と同時に報償，マイノリティに関するアファーマティブ・アクション（affirmative action），労使関係，訓練・開発など専門的な事項がHRMの重要な業務となった。その業務には政府が要請する報告書を作成する

ことも含まれ，より専門的な知識や技術が必要になった。それは遵法的な活動（compliance activity）が増加したためである。

公民権法の第IV章には何度か改訂が加えられ，関連する法的整備（たとえば年齢差別禁止法 Age Discrimination in Employment Act, ADEA）もあり，従業員のもつあらゆる属性（人種，民族，性別，年齢などの生得的属性だけではなく，学歴，住居地，宗教など獲得的属性も含む）によって差別する雇用が違法として処分されるようになった。

アメリカでは職業は多くのレベルに段階づけられ，各段階ごとの職業は細かく分類されている。基礎となる単位は職務（職種）であり，職（務）名（job title）は職務記述書（job description）によってその内容が明示される。職務ごとに賃率が異なり，各職務はヒエラルキカルに構造づけられる。企業はその業務遂行に必要な担当職務に対して人を雇用し，企業内に保有する職務ヒエラルキーが構成される。各職務にはグレード（数字）が付され，グレードごとに賃率が設定される。企業は従業員の採用にあたって各職務の遂行能力があるかどうかを主な指標として選抜する。

それぞれの職務にグレードが設けられ，グレードの高低によって賃率が異なる。そしてあるグレードを境界として，上方はエグゼンプト雇用者（exempt employee），下方はノン・エグゼンプト雇用者（non-exempt employee）の2グループに分割される。エグゼンプト雇用者は，上述の公民権法および労働関係法の適用除外層であり，年俸額は雇用主との契約によって決まる。それに対してノン・エグゼンプト雇用者は諸法令の適用対象であり，この集団には時給計算の月給が支払われる。後者はどんな些細な点でも法律に違反することであれば，平等雇用機会委員会（Equal Employment Opportunity Commission, EEOC）へ簡単に提訴することができる。これはEEOの原則が厳格に遵守される仕組みであり，多くの州政府や市政府はEEOの実質的な推進のために，アファーマティブ・アクション・プログラムを組んでいる。企業のHRMは各地域のプログラムに参加することを義務づけられている。

1970年代から80年代にかけてアメリカ経済の弱体化，国際競争の激化のもとで，各企業は生き残り競争を強いられた。内部的には女性，マイノリティ，移住者，高齢労働者の増加にともなう労働力構成の多様化に対応せざるをえなくなり，HRMの結果責任が問われる。1980，90年代はIT化とグローバル化がますます進展し，人的資源管理部はトップ経営層がライン部門長の役割を担うほど重要視されるようになった。

以上のように企業内の従業員に対する扱いは，管理思想，経営組織とその環境，個人や集団についての研究，法的整備など，さまざまな状況の変化によって多様な形態をとってきた。その推移を概括的に特徴づけると，外的環境条件を顧慮した労働力管理から出発し，個人と集団のインフォーマルな面を重視する人間関係管理，福利厚生，訓練・開発を視野におさめる人事部による諸機会の提供を経て，トップ経営者も関与する戦略的なHRMへと重点が移行してきたといえよう。そしてHRMは経営管理の最重要な戦略課題となっている。

9-2. HRMのハーバード・コンセプト

前述のように，アメリカの企業は当初，労働の生産性を高めるための労働力管理，労働組合に対処するための労務管理によって従業員の管理にあたってきた。その後，従業員の福利厚生（誕生祝い，ピクニックなど）や訓練・援助にあたる人事部を新設した。

1960年代以降は一方では経営戦略上の重要な標的としてHRMの合理化が，他方では公民権をはじめとする法制・規制に合致するためにHRMの構築が必要となった。このHRMの構築に関して，研究面でその概念をめぐる議論が続き，HRMはビジネス・スクールの主要科目に位置づけられている。

そのHRMの概念に関して，しばしば議論の俎上にあげられる一つはハーバード・コンセプトである。ハーバード・ビジネス・スクールのビア（Beer, Michael）とその同僚によって書かれたテキストにあらわれたHRMの概念である（Beer, M. et al., 1984）。そのHRM人的資源管理の領域図（map of the human resource management territory) は図表9－1に示す通りである。企業が採るHRM政策の選択（HRM policy choices, 被雇用者の影響, 人的資源のフロー, 報酬システム, 労働システムに関する諸点の選択）は, 企業にかかわる利害関係者（stakeholders）の関心と状況的諸要因（situational factors）の影響のもとで成立するが, そのHRM政策の選択が, どのようなHRMの成果（outcomes）を生み, さらに長期的な帰結（long-term consequences）をもたらすかが, この図の左から右への流れである。最右欄の長期的な帰結は最左欄の利害関係者の関心と状況的要因に影響を与えるとともに, HRM政策の選択に対しては直接的な関連をもつ。これは長期的な帰結が個人の福利, 組織の効率性, 社会的福利をその内容としているからである。

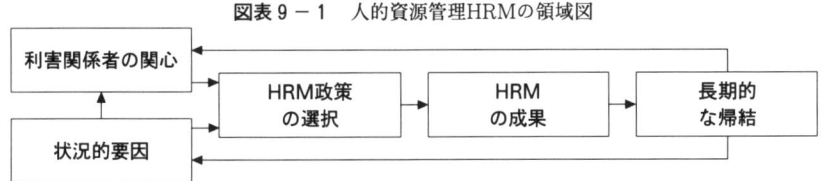

図表9－1　人的資源管理HRMの領域図

```
┌─────────────┐
│ 利害関係者の関心 │
├─────────────┤   ┌──────┐   ┌──────┐   ┌──────┐
│             │ → │HRM政策│ → │ HRM  │ → │長期的 │
├─────────────┤   │ の選択│   │の成果 │   │な帰結 │
│  状況的要因   │ → └──────┘   └──────┘   └──────┘
└─────────────┘
```

注：この図はBeer, Michaelその他によるHarvard Business Schoolのテキストから引用されたものであり、ここではそれを抄録した。
資料出所：Hillinshead, Graham and Mike Leat (1995) *Human Resource Management: An International and Comparative Prespective*, Pitman Publishing, p.17.

各セルの影響関係はフィードバック・ループをなし, 良い循環は好ましい結果をもたらすとされる。HRM政策の選択が直接的な関係をもつのはHRMの成果である。そこでは, 個々人が仕事と組織に対してどの程度コミットメントを高めたか, 組織や社会が必要とする技術・認識を個々人はどれほど高めるか, つまり能力（competence）の開発に役立ったのか, 賃金・報酬・離職・欠勤・ストライキなどの費用が組織, 個々人, 社会全体に与えつつどのような成果をもたらしたか（cost-effectiveness）の4点が評価される。

左上欄の利害関係者の関心が掲げられているのは, コーポレイト・ガバナンスのあり方が問われるアメリカの企業社会の現実を反映している。左下欄の状況的要因は, すべてのセルのうち, もっとも包括的かつ外延的なものであろう。

その内容として，労働力の特徴，ビジネスの戦略と条件，経営哲学およびそれらより社会的広がりをもつ労働市場，労働組合，技術，法と社会的価値があげられる。

このハーバード・コンセプト（ハーバード・モデルと呼ばれることもある）は，HRMの施策やその実践にかかわる個々の項目についての検討だけでなく，経営の環境要因となる社会的諸条件や，企業のガバナンスに関与する個人や集団の関心を取りこんでいる。その意味でハーバード・コンセプトによって，HRMがはじめて定型化されたと解することができる。その後に発表されたHRM論は，たとえ部分的であってもハーバード・コンセプトを手がかりにしていることが多い。なおホリングスヘッドらはその議論を整理しつつ，そこに国際的な視野が欠落していると批判し自らの議論展開の基礎づけをした（Hollingshead, Graham and Mike Leat, pp.20-27）。

9-3. 労使関係からHRMへの転換
——イギリスにおける新しい潮流——

1960年代からアメリカで一般化したHRMの理念とプラクティスは，ほどなくヨーロッパ大陸に移転された。EU統合の前段階にECの経済協力，経済交流の長い過程を経て，1980年代後半から90年代には加盟国間の労使関係，労使協議の共同化がすすめられた。イギリスでは第2次世界大戦後，経済的に停滞を続けたが，1970年代後半から80年代にかけてサッチャーによる改革が断行された。改革の波は，労働組合関係法規の改訂に及んだ。その結果として，職種別組合の内部構造，産業別および企業内の労使関係は大きく変化した。

その変化を「移行および変質なのか？」（transitions and transformations?）と問題提起しつつ，事例分析を踏まえてイギリスのHRMの発展を包括的に考察したストーリィ（Storey, J.）は，まず「労働の管理」の全般的な変化を次のように指摘している。すなわち，多くの組織において，変化は用語として「労使関係から従業員関係」（from labour relations to employee relations）およ

び「人事管理から人的資源管理」(from personnel management to human resource management) への変化に象徴される，そして稀なケースとして，労使関係／従業員関係を人的資源管理に統合する，と述べている (Storey, J., 1992, p.13)。このような変化が生じた重要な背景として，労働の柔軟化 (flexibilization) をあげなくてはならない。1980年代にはイギリス，ヨーロッパ諸国は経済の回復に向けて企業経営，労使関係，労働の諸面での柔軟化の方策を探っていた。1980年代の後半にいたると，1991年に予定されていたEC統合の準備として国際的協力のもとで柔軟化への具体策が議論された。その過程の詳細はここで触れないが，この柔軟化政策の一つの反映として，イギリスの企業にHRMが導入されたのである。

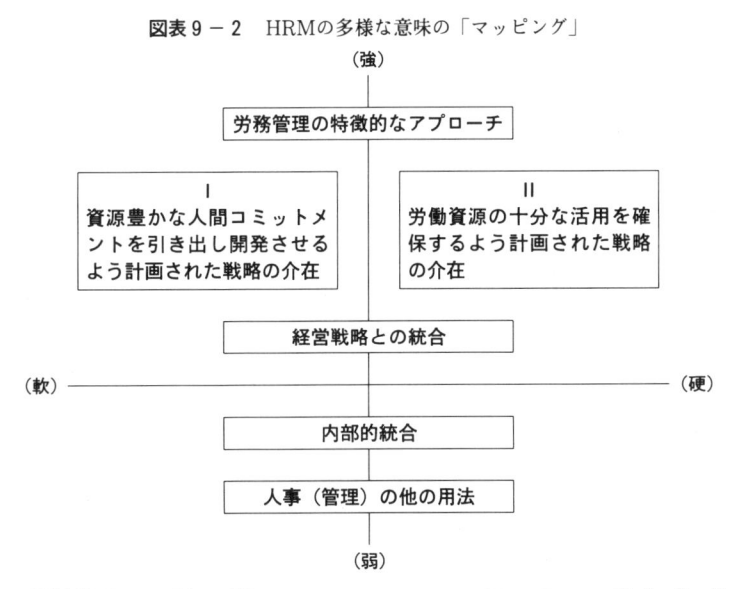

図表9－2　HRMの多様な意味の「マッピング」

(強)

労務管理の特徴的なアプローチ

I　資源豊かな人間コミットメントを引き出し開発させるよう計画された戦略の介在

II　労働資源の十分な活用を確保するよう計画された戦略の介在

経営戦略との統合

(軟) ──────────────── (硬)

内部的統合

人事（管理）の他の用法

(弱)

資料出所：Storey, John (1992) *Development in the Management of Human Resources*, Blackwell, p.27.

しかし企業が導入したHRMは必ずしも一様ではない。またHRMの把握の仕方も多様である。ストーレィは15社の事例および概念化を整理して図表9－2のマッピングを作成した。HRMを強調する場合には，労務管理についての

明白に特徴のあるアプローチがみられ，HRMの色彩が弱い企業では人事（管理）の他の表現として用いられるにすぎない。前者ではHRMは経営戦略と統合されているのに対して，後者では組織内部だけで統合され全社的な関連がうすい。また硬直的なHRMは，従業員を労働資源として活用することを含意するにすぎない（タイプⅡ）。それに対して柔軟なHRMは，より広い視野で従業員のコミットメントを考えている（タイプⅠ）。従来通りの人事（管理）にHRMの用語をあてることもあれば，HRMを経営戦略の重要な手段と考えることもあるのである。

それでは従来の人事（管理）・労使関係とHRMの間にどのようなちがいがあるのであろうか。これについてストーリィは事例の分析を通して得られたちがいを一般化する方向で整理している（図表9－3参照）。ちがいは27の項目におよぶが，それらは信条と任務（beliefs and assumptions），戦略的側面（strategic aspects），ライン・マネジメント（line management），鍵となる挺子（key levers）の四つの次元にまとめられている。各次元のどの項目も短い用語で要約され，またもとの英語とその邦訳の間のニュアンスのちがいもあるため，即座に理解し難い面もある。そこで四つの次元と，そこに含められる主な項目に対して，若干のコメントを付すことにする。

まず「信条と任務」は，経営者と従業員との間の基本的な関係を示す。人事（管理）・労使関係（personnel and IR〈industrial relations〉）では，書面による契約，明確な規則・規約・諸手続き，規範・規則，労働側による経営のモニタリング，常態化した葛藤など，伝統的な労使関係が維持されていた。そこではいわゆる形式的官僚主義が貫徹されていた。それに対して，HRMでは契約以外の合意，規則にとらわれないこと，経営の価値を重視すること，労使間の関係の育成，単一の労働組合との団体交渉など，経営と従業員の間のよりダイナミックな関係が樹立されつつある。

ついで「戦略的側面」に関して，労使関係とHRMとのコントラストはより明白である。労使関係が中心であった時代には，労働側と経営・管理側との関

図表9-3 人事・労使関係とHRMの27のちがい

次元	人事（管理）・労使関係	HRM
（信条と任務）		
1. 契約	書面による契約の周到な確認	契約を越える方向へ
2. 規則	明確な規則・規約を残すことが重要	予測が可能（規則に反発）
3. 経営行為へのガイド	手続き	経営の要請
4. 行動の基礎	規範・慣行とプラクティス	価値・使命
5. 管理業務対労働	モニタリング	育成
6. 関係の性格	複合的	単一的
7. 葛藤	制度化される	強調せず
（戦略的側面）		
8. 鍵となる関係	労働−管理	顧客
9. イニシャティブ	断片的	統合的
10. 企業計画	周辺	中心
11. 決定のスピード	遅い	速い
（ライン・マネジメント）		
12. マネジメントの役割	取引的	変革的リーダーシップ
13. 鍵となるマネジャー	人事・労使関係のスペシャリスト	ゼネラル，ビジネス，ラインのマネジャー
14. コミュニケーション	間接的	直接的
15. 標準化	高い	低い
16. 賞賛されるマネジメント・スキル	交渉	促進
（鍵となる挺子）		
17. 選抜	分離，周辺的業務	統合化，鍵となる業務
18. ペイ	職務評価（固定したグレード）	パフォーマンスと関連
19. 条件	個別に交渉	調和化
20. 労働−経営	交渉契約	個人契約の方向
21. スチュアードとの関係の推進力	条件と訓練によって規制	周辺化（変化のモデルのための交渉を除外）
22. 職務のカテゴリーとグレード	多い	少ない
23. 職務設計	分業	チームワーク
25. 葛藤の処理	一時的な休止に達する	経営風土と文化
26. 訓練と開発	コースへの接近を統制	学習する企業
27. 調停への注目	人事の手続き	幅広い文化的，構造的，人事的戦略

資料出所：Storey, John (1992) *Development in the Management of Human Resources*, Blackwell, p.35.

係が重要であり，経営側のイニシャティブズは断片的であり，企業計画は各部掌で策定されることがあり，意思決定には時間を要した。HRMが優位になるにともない状況は一変する。顧客を重視し，戦略形成は統合化され，その計画は経営中心に短期間に決められる。

ついで経営組織内の「ライン・マネジメント」に関して，HRMでは変革的リーダーシップが求められ，スペシャリストよりゼネラル・マネジャー，ライン・マネジャーの役割が大きくなる。そこではマネジャーと従業員との間のコミュニケーションは直接的になり，マネジメント・スキルは高く評価される。総じてライン・マネジャーとランク・アンド・ファイルの労働者の関係はより開放的になる。

さいごのカテゴリーである「鍵となる挺子」には多様な事項が盛り込まれている。個々の従業員および職場集団に対する処遇にかかわる事項の内容は，労使関係優勢の時代とHRMに移行した現在との間に，明らかなちがいが認められる。そのちがいはHRMにおける柔軟化（flexibilization）によって説明される部分が多い。従業員の選抜は統合化され，鍵となる業務（key job）が重視され，賃金にはパフォーマンスが加味され，職務のカテゴリー・グレイドは短縮化され，チーム・ワークによる職務設計が考案され，学習を主体とした訓練と能力開発がすすめられる。HRMにおける経営と従業員との関係は，コミュニケーションの流れ，個人契約にみられるように，以前にましてより調和化の方向が模索されていると判断することができよう。

このうち調和化（harmonization）は管理者と労働者の間に伏在していたさまざまな障壁を除去して実現した関係である。駐車場やカフェテリアの共同使用，処遇上の条件を同一化する単一の地位（single status）などは，調和化の具体的なあらわれである。

職務カテゴリーを大ぐくりにして職種数を減少すること，職場集団にチームワークの方式を導入することは，いずれも労働の柔軟化の代表例であるとともに，「イギリス産業の日本化」の一面でもある。「イギリス産業の日本化」は，

1990年前後にイギリスの経営やHRMが大きく変化する過程で，シンポジウムの統一論題として用いられ，その会議録を基礎にして同名の書物が出版されたが，英系企業，日系企業に共通してすすめられた変化に対して命名された用語であり，内容的には日本化の影響のみを示すものではない（岩内亮一，1994）。しかし職務カテゴリーの減少，チームワークの導入には，日本企業の人事・労務管理方式の影響があったと考えられる。それはともかく労働の柔軟化が，経営・管理側と労働側の双方の調和化と並行して推進され，その大きな変化がHRMの確立に結実しつつあるといえよう。

かつてイギリスの企業において，経営者・管理者と労働者の間に，越えがたいといってよい程の溝が横たわっていた。20世紀前半から長年にわたって組織化された職種別労働組合と使用者との間の確執や不信である。労働者は自分たちを「我々」といい，管理者を「彼ら」と呼んでいた。企業内の諸施設（カフェテリア，トイレなど）は双方用に別々に設けられていた。ところが最近では，双方の調和化が図られ，駐車場も共同で使用するようになった。

9-4. HRMワゴンの行列──メタファー的説明

9-4-1. HRMと組織開発

アメリカ，イギリスそしてヨーロッパ諸国の企業経営において，HRMは経営戦略の主要な柱として位置づけられている。企業はHRMを従業員の雇用とリンクさせつつ，その競争力強化に焦点づける。両者をリンクさせるとともに政策と実践を統合したパッケージが組み立てられる。そのパッケージをつくるためには通常，組織開発（organization development, OD）の専門家＝コンサルタントの助力を必要とする。ODコンサルタントは従業員の訓練・開発やモティベイションの設計・集約にもあたり，結果としてHRMの政策と実践に関与することになる（その事例はRover社やICI社にみられる。Storey, J., 1992, pp.160-180）。ここにHRMとODが密接に結びついている状況をみることができる。

HRMとODの結びつきは，一方ではODの諸技法がHRMの計画化に役立て

る面にみられ，他方ではODの活用によって，HRMが従来とは異なった革新的な形態に変容する可能性をもっている。しかしHRMがいかに革新的であったとしても，経営の立場からの職場統制（management perspective workplace control）は決して放棄されていない。つまり経営は従業員を統制する原則を保持してHRMを構築してきたのである。

このことを前提にしてグラント（Grant, D.）は，イギリスとアメリカ（そして一部ヨーロッパ諸国）で展開されてきたHRM論を包括的に整理しつつメタファー（metaphor）による説明を試みている（Grant, D., 1996）。

メタファーによる先駆的な説明を試みたダン（Dunn, S.）は，伝統的な旧労使関係も新しい労使関係も，根源的メタファー（root metaphor）なる表現で同一視されうるとした。そして旧型の労使関係が包みこんでいた統制や葛藤とその処理の方法が悲観的であると評している。1980, 90年代のHRMによって提供された根源的メタファーが，旧型の労使関係に比して，より開放的，より拡大的でしかも英雄的なメタファーであると認識されたのである。それは経営側および労働側の双方から，HRMが硬直的な旧型の労使関係からの明らかな離脱のルートであると強く意識されたからである。このようにしてHRMは大方の研究者とコンサルタントの間で好意的に受容されている。しかしこのような最近の傾向は，旧型の労使関係から離脱し，それにHRMを代替しようとしているのか，それとも単に方向転換を図るにすぎないのか。

9-4-2. HRMワゴン列車の針路

旧型の労使関係から離脱してHRMへの方向が明らかになったが，そのことの意味についてグラントは，ダンの所論を基礎にして，複数の議論を整理しながら次のように説明している。各企業が組織にHRMを導入することは，HRMへ向けての旅立ち（embarking on a journey）である。その旅は，アメリカ西部へ向けての開拓ワゴンの行列（pioneering wagon train）に喩えられる。それは現在の位置から移動して新たなフロンティアをめざして移動する旅である。

新たなフロンティアは地図のない地域である。

　このようなHRMワゴンの行列は，第一に伝統的な旅のメタファーとは異なり，帰郷の展望（prospect of a homecoming）がない。硬直的であるが居心地のよかった旧型の労使関係へ戻り，経営の統制に対して闘争を試みる場はもはやない。現在の規範から放たれて，管理者と労働者の間の新しい関係を建てはじめるという期待があるのである。第二にHRMへの旅は終りのない旅であり，希望をもって旅をするのはメタファーの難点である。HRMに近づけば，それだけそれは遠くへ離れるのである。これを誇張していえば，HRMを適切に理解するためには幻影を認め，現実から離れなければならないことになるのである。企業が現実に採るHRMの政策や実践と理念的なモデルとは，理論構成の面で常に差異が生じる。しかもそれぞれのHRMの理念的なモデルには差異があるため，HRMの用語は広範に用いられるが，曖昧に概念づけられるおそれがある。第三にHRMへの旅はどのような動機にもとづいているのであろうか。これについてグラントは，イギリスにおいて1980年代前半から10数年の間にHRM指向の実践が成長してきたが，それは経済に関連したいくつもの要因とリンクしていると指摘する（以上, Grant, D., pp.194-196）。この指摘は以下のように解することができよう。

　さきに述べたように，1970年代までのイギリスの経済的停滞の一因は，不安定かつ敵対的な労使関係にもとめることができる。そのような旧型の労使関係の制度的な枠組は1980年代に改変された。それには新たな労使関係・労働政策の実施があずかった力になったが，経営者側の改革への決定も無視できない。当時の先進工業諸国の間に広まったグローバリゼーションの波が，イギリスの産業に及んだこともいうまでもない。これらは経済的，外部的要因である。個々の企業にとって外部的要因がはたらいたことも事実である。そしてこれらが企業としてHRMの導入に踏みきらせた背景として考えられる。

　旧型の労使関係や人事管理から脱却してHRMワゴンを仕立てた後において，経営が従業員を統制する新しい方法を模索しなければならない。統制を単純に

考えた場合，強制的統制，合意的統制，受容的統制などがあげられる。グラントは関連する諸説を整理して，職場の外的統制メカニズム（external control mechanism）と，職場の内的統制メカニズム（internal control mechanism）に大別し，それぞれについて詳細な説明を加えている。以下はその概略の紹介である。

まず外的統制メカニズムとして，4点があげられる。第1は技術的統制であり，業務のペースや流れなどを制約する技術の使用である。第2は個人に集権化された統制であり，意思決定の集権化，直接的な監督，個人的リーダーシップ，個人の権威に同調を強める報酬＝罰則がその内容となる。第3は官僚主義的統制である。そこでは個人の課業や同調性にそくした形で手続きや規則のあり方を再設計することが眼目とされる。第4はアウトプットの統制であり，完全なアウトプットをめざす職務設計，アウトプットの標準や標的の専門化，責任会計システムの導入などがあげられる。

ついで内的統制メカニズムについては，(1) 組織へのコミットメントを高めること，(2)「彼ら」と「我々」を峻別する意識的な対立の緩和，(3) 職場文化の形成，(4) 仲間集団の圧力を強めること，(5) エンパワーメントの5項目があげられる。そして各項目ごとに子細な強調点が付されている。ここではそのすべてを議論することを控えるが，(1)では個人が組織の目的や価値を同一化すること，組織メンバーが現在の企業に継続して勤める強い希望をもつことなどが例示される。(2)では集団の境界を越えた接触の増大，管理行動の変化などがあげられる。(3)では管理者と従業員の間の協同とパートナーシップの強調をはじめとして数点が掲げられる。(4)では共同作業者（co-worker）の規範や価値と同調することなどがあげられる。(5)では労働者の結果責任を強めるためのエンパワーメント技術の使用などが強調される（Grant, D., 1996, pp.198-200）。

外的統制メカニズム，内的統制メカニズムとも，経営管理者と労働者の関係，労働者集団内の関係，組織の規範・規則と従業員の課業との関係をはじめとする諸関係を調整するにあたって，従業員の組織に対する同調，従業員の主体的

な職務遂行，集団や組織の成員の協同，従業員のモチベーションとパフォーマンスを重視する観点が貫かれている。このような統制メカニズムはHRMワゴンに積みこむ荷物であるとともに，旅が向かう針路でもある。このように考えると帰郷の展望は必ずしも必要ではないであろう。

9-5. 新たな人的資源管理観

9-5-1. アメリカとイギリスの事例から

1960，70年代からはHRM論が発展し企業にHRM部門が設置された。アメリカでは1964年の公民権法の大改正が主要な契機となり，企業内のHRMに関する細部の事項に配慮しなければならない状況が生じた。ここでは十分な議論をしていないが，1975年の国際婦人年の諸行事を締めくくる会議において，1985年までに国連加盟国は男女雇用機会均等の法的整備を終えることを決議した。アメリカはすでに公民権法のなかでそれを規定していた。日本の法制化は先進工業国で最も遅かった（1985年，男女雇用機会均等法規定，1986年4月施行）。アメリカの企業においてHRMが早い時期に構築されたのは，雇用上のあらゆる差別を禁止する公民権法の大改正と関連をもっていると考えられよう。

新しい型のHRMはやがてアメリカからイギリスおよび，さらにヨーロッパ諸国に移転された。他の地域の開発途上の国々の中央政府には人的資源を冠する行政組織が設けられ，企業にもHRM部門を設ける事例がみられる。このように多くの地域や国においてHRMが普及しつつあるが，ここで扱った事例から各国のHRMの現状をどのように評価するのか。またその将来をどのように展望することができるのか。以下では主要な点に限定して，論点をまとめてみたい。

第一に各国の企業において，HRM指向が認められることを前提にして，その多様性が生じる背景をどのように解すればよいのであろうか。それについて工業化社会の伝統をもつ国では，長年にわたって形成し変容してきた経営者と労働者との関係が一様でない点をあげる必要がある。イギリスの旧型の労使関

係は，経営・管理者の「彼ら」と労働者の「我々」は，現実には「奴ら」と「俺たち」といった感情的対立を基礎としていた。かつては中産階級と労働者階級との間に断絶が横たわっていた。そのような労使関係から脱却してHRMに転換しても，そして企業内の個別的労使関係が大きく変容しても，横断的なつながりで職能別に結成された労働組合を基盤とする集団的労使関係のすべてが瓦解したわけでない。このように考えると旧型の労使関係の存続形態がHRMのありように影響するといえよう。アメリカでは公民権法の改正とEEO (equal employment opportunity) 原則の徹底のためのアファーマティブ・アクション (affirmative action) がHRMの基本的条件となる。それとともに労働組合運動も続いている。アメリカではイギリスにおけるのとは異なった労使関係を存続させつつ，戦略的HRMの充実が図られてきたといえよう。しかしHRMの多様性は国によるちがい以外に，業種，規模，企業の立地（地域）によるちがいに帰因する。自動車の生産システムは国や地域を越えて共通の方式（典型的にはリーン生産方式）が確立されつつあり，同一国内の自動車産業におけるHRMが他の業種のそれと質的な差異が認められるのである。

　第二はHRMと文化との関連である。たとえば従業員が職場の規範 (norm) を内面化し，経営・管理者と従業員が共通の価値 (value) の追求を指向し，従業員が組織に同調 (conformity) することを強化することが，新しいHRMの特徴であるとされる。このように職場に文化的統合を実現することは，日本の企業でもっとも強調されている。しかもこれがイギリス企業の内的統制メカニズムの一面であるとされるが，文化的統合が多くの社会において普遍的なものであるかどうかは，なお検討を要することであろう。

　第三にHRMの理念，政策，実践の関係に注目する必要がある。理念は経営者にとってのイデオロギーであるとともに，研究者やコンサルタントにとっての理論構成や指針でもある。その理念と政策や，実践の間にギャップが生じることが多々あると推測される。我々が文献を通して知りうる多くは理念である。職場におけるHRMの実証的分析であっても抽象化されると，生の現実が浮き

彫りにされにくい。とすれば理論と現実のちがいは正確に把握されず，ともすれば文献にあらわれるHRMは理念に引き寄せられた内容になりがちになる。

　第四にHRMは今後，どのような方向に向かうかの展望である。より生産的なHRMを構築するためには，一つには細部にわたる実践を政策との関連で常に再検討すること，二つには戦略の明確化と再設計が肝要である。従業員個々人の仕事と組織・集団に対するコミットメント，作業集団の凝集性，職場組織のリーダーシップ，個人と集団の目的の同一化，職務の内容（職務の範囲のみならず，作業のペースやサイクルを含む）に対する従業員の態度など，HRMの基礎となる事項を適切に把握することが，実践を評価する基本である。その実践の改善に向けて政策が再検討される。このように実践と政策は相補的である。同様に政策と戦略の関係も密接不可分であり，両者の間には常にフィードバック体制が保たれている。しかしこれは，HRMの戦略，政策，実践の三者の間に密接な関係が十分につくられているとの仮定にたった場合である。現実にこの三者の関係がどのようになっているかを調べることは，研究者やコンサルタントの仕事である。コンサルタントは現場を分析して改善点を提言することを業務としているため，調査，観察の力量があれば，問題点を指摘できる。改善点の提言が重ねられれば，HRMの新たな標的が設定される。こうしてHRMの方策は企業の経営戦略として位置づけられる。　　　　　　　【岩内　亮一】

参考文献

岩内亮一（1978）「職場組織の基本的要素」山田雄一ほか共著『職場の人間行動』有斐閣。
岩内亮一（1994）「英国産業の日本化――在英日系自動車企業の事例」『経営論集』（明治大学経営学研究所）第40巻第3・4号（3月）。
岩内亮一（2003）「人的資源論と人的資源管理」『明治大学教養論集』第372号。
Beer, Michael, Bert Spector, Paul R. Lawrence, D. Quinn Mills and Fichard E. Waiston (1984) *Managing Human Assets*, The Free Press.
Cascio, Wayne F. (1995) *Managing Humam Resources, Productivity, Quality of Work Life*, Mc-Graw Hill.
Dunn, S. (1990) 'Root Metaphor in the old and new Industrial Relations', *British*

Journal of Industrial Relations, No.28, No1.

Grant, David (1996) 'Mataphors, Human Resource Management and Control', in Cliff Oswick and David Grant (eds.) (1996) *Organization Development, Metaphorical Explanation*, Pitman Publishing.

Grant, David and Cliff Oswick (eds.) (1996) *Metaphor and Organizations*, Sage Publications.

Guest, D. (1990) 'Human Resource Management and the American Dream', *Journal of Management Studies*, Vol.27, No.4.

Hollingshead, Graham and Mike Leat (1995) *Human Resource Management: An International and Comparative Perspective*, Pitman Publishing.

Oswick, Cliff and David Grant (eds.) (1996) *Organisation Development, Metaphorical Explanation*, Pitman Publishing.

Storey, John (ed.) (1989) *New Perspectives of Human Resource Management*, Routledge.

Storey, John (1992) *Development in the Management of Human Resources*, Blackwell.

索　引

21世紀職業財団　94,100
OA化　87
CDP → キャリア・ディベロプメント・プログラム
EEO　202
HRMワゴン列車　198
ME化　32,86,87
OCQ　152

あ

新しい障害者観　105,107
アドバイザー　131,132
アドバイザーグループ　132,133
アファーマティブ・アクション　99,100
アメリカの企業内教育・訓練　24
新たな労使関係　199
安定経済成長期　89
一般職　93,94
異文化経営　34
インターンシップ　181
インペアメント　107
エグゼンプト雇用者　189
エントリーシート　180

か

海外現地生産　128
海外子会社　128,130,131
海外子会社管理　129
海外ビジネスのスペシャリスト　134
階層別研修　76,77,78
科学的管理法　186
学卒無業者　167
学校から職業への移行　167
合衆国公務委員会　185
管理職への登用機会（女性）　91
企業共同体　85

企業内組合　26
基本訓練段階　168
キャリア意識　148
キャリア形成支援　79
キャリア選択　144
キャリア・ディベロプメント・プログラム（CDP）　22,25
キャリア発達　143,144,147,157
キャリア発達段階　168
キャリア発達モデル　179
キャリア発達要因　145
キャリア発達論　167
キャリア・プラトー化　152
旧型の労使関係　199,202
教育訓練資源の配分戦略　74
教育訓練主体　66,69
教育訓練政策　81
教育訓練戦略　74
教育訓練対象　66
教育訓練投資　71
教育訓練ニーズ　66
教育訓練の実施方法　66
教育訓練の直接費用　72
教育訓練費　67
教育投資の効率性　69
教育投資論　13
グローバリゼーション　56,199
グローバルマネジャー　128
グローバル化　92
訓練分野別資源配分戦略　75
経営のグローバリゼーション　36
経営風土　42
研修の実施方法　70
現地人マネジャー　140
コース別人事制度　91-94
コーポレイト・ガバナンス　191

高学歴化　28,41
行動科学　187
行動科学モデル　148,156
高等教育人口　29
高度専門能力活用型　96
高度専門能力活用型グループ　52
公民権法　188,189
高齢化　28,30,39
国際化　32,33
国際化教育　34
国際障害分類改訂版　105
国際人的資源管理　127
国際婦人年　35
国連開発計画・人間開発報告書　98
国連・女性差別撤廃委員会　94
国民所得倍増計画　17,18,28
雇用柔軟型　96
雇用柔軟型グループ　52
雇用調整　143
雇用調整のバッファー機能　87
雇用調節弁　85
雇用率未達成企業　124
根源的メタファー　198
コンピテンシー　43,56
コンピテンシーと賃金　55

さ

サービス経済化　86,87
産業社会学　188
産業心理学　186
ジェンダー・イクォリティ　98
ジェンダー　85,94,96
ジェンダー・エンパワーメント指数　98
事業内技能養成所　28
自己都合退職　86
シニアアドバイザー　132,133
自発的転職率　143
社会的支援サービス制度　106
社内外別資源配分戦略　75
社内雇用率制度　116
終身雇用　26,85,97,98

集団管理から個別管理へ　89
集団的労使関係　202
障害者基本計画　107
障害者基本法　106
障害者権利条約制定　105
障害者雇用　105
障害者雇用促進法　123
障害者雇用率制度　112,113,122
障害者雇用率・納付金制度　124
障害者統計　109
障害者のキャリア形成　120
障害者のキャリア形成支援管理　122
障害者の雇用の促進等に関する法律　107
生涯所得　14
障害をもつアメリカ国民法　108
昇進可能性　153
昇進満足　153
情報化　92
職業訓練　13
職業リハビリテーション　124
職能給　49
職能資格制度　31,47
職場訓練　13
職場の外的統制メカニズム　200
職場の内的統制メカニズム　200
職務給　49
女性チーム　91
女性の教育水準　88
女性労働者の有効活用　89
ジョブ・コーチ付雇用　119
人的資源開発　22,23
人的資源開発研究所　15
人的資源管理の領域図　190
人的資源管理モデル　148,156
人的資源研究所　15
人的資源専門職　22
人的資本　12,13
人的能力　18
人的能力政策　17,20
新日本的経営　96

垂直的キャリア　146
水平的キャリア　146
水平的キャリア発達　153
成果主義　43,56
生産性基準原理　50
精神障害者　124
性別管理　92
性別集団管理　93
性別役割分業　96
選択型研修　78
選抜教育　66,81
全米労使関係法　186
専門職制度　31,49
戦略的HRM　202
戦略的マンパワーの養成　18
早期定年制　31
早期離転職　167
早期離転職行動　179
総合職　93-95
底上げ教育　66,81
組織開発　197
組織間キャリア発達　155
組織間キャリア発達モデル　149
組織コミットメント　143-145,157, 169,172,179
組織社会化　168,169
組織社会学　188
組織心理学　188
組織適応　169,180
組織内キャリア発達モデル　149

た

ダイバーシティ・マネジメント　99-101
退職後教育プログラム　31
態度変容　169,170,176,180
脱工業化社会論　36
団塊世代の管理職ポスト　92
団塊の世代　31
男女共同参画社会　86
男女共同参画社会基本法　98
男女雇用機会均等法　35,91

男女差別的人的資源管理　91,95
男性正規従業員　85
中高齢者能力再開発　31
駐在員　33,34
中心性キャリア発達　154
中途障害者　124
長期安定雇用　96
長期安定雇用慣行　85
長期蓄積能力活用型グループ　52
長期蓄積能力活用法　96
調和化　196
賃金水準　58
賃金制度　43
定着管理施策　180
適性検査　186
適正賃金水準　59
電算型賃金体系　44
転職意思　169,174
転職観　98
転職理由　167
伝統的な労使関係　194
特例子会社　119
トライアル雇用　118

な

日経連能力主義管理研究会　29
日本型経営　26
日本人駐在員　127,130,134,137
『日本の成長と教育』　14
日本弁護士連合会人権擁護委員会　108
人間関係運動　187
人間関係管理　187,190
人間能力開発　20
年功制度　19,26,86,98
年俸制　57
年齢差別禁止法　189
能力開発　65
能力開発センター　21
能力開発責任主体　66
能力主義　19,30
能力主義管理　42

『能力主義管理』　25
ノン・エグゼンプト雇用者　189

は

派遣法　33
派遣労働者　92
ハーバード・コンセプト　190,192
ハーバード・モデル　192
平等雇用機会委員会　189
ファミリー・フレンドリー企業　99
福祉的就労　110
フリーター　167
文化的統合　202
ベビー・ブーマー　28
ペンデルトン法　186
ポジティブ・アクション　98,99
補助労働力　89
ホーソン実験　187

ま

マンパワー　16,18,21,22
マンパワー研究所　21
マンパワー政策　17

モチベーション　145,170,173

や

有期雇用　96,100

ら

リアリティ・ショック　169,170,171,176,180
リエンジニアリング　50,92
リストラクチャリング　41,50
労働移動　50
労働の柔軟化　193
ローカル従業員　127,133,136,139
ローカル従業員の学歴別二重構造　139
ローカル従業員のジョブホッピング　136,137
ローカル従業員の登用　129
ローカルマネジャー　133

わ

ワグナー法　186
ワーク・ファミリー・バランス　99,100
ワーク・ライフ・バランス　99–101

[編著者紹介]

岩内　亮一（いわうち　りょういち）
1933年生まれ。東京教育大学教育学部卒業。同大学院（博士課程）単位修得。明治大学経営学部名誉教授。経営学博士。専攻：人的資源管理論・経営社会学。

梶原　豊（かじわら　ゆたか）
1938年生まれ。明治大学政治経済学部卒業。高千穂大学教授を経て，NPO法人日本エンプロイアビリティ支援機構理事長，明治大学政治経済学部特別招聘教授，高千穂大学名誉教授。経営学博士。専攻：人材開発論・人的資源管理論。

現代の人的資源管理

2004年4月10日　第一版第一刷発行
2008年12月25日　第一版第四刷発行

編著者　岩内　亮一
　　　　梶原　豊

発行者　田中　千津子

発行所　株式会社　学文社

〒153-0061 東京都目黒区下目黒3-6-1
電話　03（3715）1501㈹
FAX 03（3715）2012
http://www.gakubunsha.com

Ⓒ R.Iwauchi/Y.Kajiwara 2004
乱丁・落丁の場合は本社でお取替します。
定価は売上カード、カバーに表示。

組版　サンライズ
印刷　平河工業社

ISBN 978-4-7620-1320-1

金　雅美著 **派遣ＭＢＡの退職** ―日本企業における米国MBA派遣制度の研究― Ａ5判　228頁　本体 2500円	派遣MBA制度は日本企業で機能しているのだろうか。学位修得後の退職率の増加の意味することは。にもかかわらず継続されている派遣制度の実態を追い、日本企業のグローバル人材開発の盲点を解明した。 1157-6 C3034
平野文彦著 **賃金管理の基本と課題** Ａ5判　193頁　本体 2300円	賃金管理上，必要な基本と課題を確かめつつ，賃金制度の改善の方途を現実の資料を踏まえて示そうとした。経営者または労働組合として意思決定にあたり，どの様な基本的な考え方や選択肢があるかを説いた。 0909-1 C3034
岩内亮一編著 **社会問題の社会学** Ａ5判　218頁　本体 2427円	社会学の主要な領域を社会問題的に再検討し，各領域に含まれる問題点を明確化。われわれの生活や日本社会にとって問題となるところを現状分析した好著。都市行政と市民参加，犯罪，女性ほか。 0375-1 C3036
筒井清子・山岡熙子編 **グローバル化と平等雇用** Ａ5判　242頁　本体 2500円	女性の視点から，男女共同参画・性別役割分業解消へ向かう経営・労務論を模索。国際的なグローバル・フェアネスの状況を考察し，また日本における人間性重視の生活と労働のバランス追求をめざした。 1234-3 C3034
梶原豊・大矢息生・服部治編 **情報社会の人と労働** Ａ5判　221頁　本体 2500円	情報社会，知識社会には工業社会とは一変した側面がままある。いま工業社会での様々な体験を見つめなおし，情報社会,知識社会にみあう人と労働を考えることで,生活の質，経営の質を高める契機とした。 1016-2 C3034
石川晃弘・田島博実編著 **変わる組織と職業生活**〔第二版〕 Ａ5判　208頁　本体 2300円	《シリーズ職業とライフスタイル1》経営，組織，雇用・人事処遇，および労働生活の変容過程を追い，変わりつつある現代日本の組織と働く個人とのかかわりを考察し，新たな社会的統合の行方を展望する。 1023-5 C3036
矢島正見・耳塚寛明編著 **変わる若者と職業世界** ――トランジッションの社会学―― Ａ5判　207頁　本体 2300円	《シリーズ職業とライフスタイル6》いまの若年無業者層の増加が物語るように従来の学校社会から職業世界への安定した流れが崩れつつある。これら若者の実像を，リアリティを損なわないよう語り，見極める。 1056-1 C3336
岩内亮一著 **私大改革の条件を問う** 四六判　272頁　本体 2000円	18歳人口の急減と私立大学等に対する国庫助成の占める経常費補助率の低下が私学存立基礎を脅かしている。学生の確保と社会的要請にどう応えていくべきか。大学の存立の現実的条件とは何かを問う。 1107-X C0037